L’évasion

5-7, rue de l'Ecole polytechnique ; 75005 Paris

http://www.librairieharmattan.com
diffusion.harmattan@wanadoo.fr
harmattan1@wanadoo.fr

ISBN : 978-2-296-08549-7
EAN : 9782296085497

Martine HERZOG-EVANS
Professeur à l'Université de Reims

L'évasion

L'Harmattan

Du même auteur

Droit pénal général, 2è ed., Vuibert, 2009.

Procédure pénale, 2è ed., Vuibert, 2008.

Prescription, amnistie et grâce en France, (avec J. Danet, S. Grunvald et Y. Le Gall) Dalloz, 2008.

Droit de l'exécution des peines, Dalloz, 2007.

Allaitement maternel et droit, L'Harmattan, 2007.

Droit de l'application des peines, 2è ed., Dalloz, 2005.

Droit de la sanction pénitentiaire, Dalloz, 2004.

Les mères et le droit. La grossesse, (avec S. Gamelin-Lavois) L'Harmattan, 2003.

Les mères et le droit. Les premiers mois, (avec S. Gamelin-Lavois) L'Harmattan, 2003

L'intimité du détenu et des proches en droit comparé, L'Harmattan, 2000.

La gestion du comportement du détenu, L'Harmattan, 1998.

A mon grand père, Roger Leslie Grey,
évadé d'un camp de prisonniers
britanniques situé en Italie durant la
seconde guerre mondiale

Principales abréviations

A.P.	Administration pénitentiaire
Art	Article
Cass. crim	Chambre criminelle de la Cour de cassation
C. civ	Code civil
Cons. d'Et	Conseil d'Etat
C. pén	Code pénal
C. pr. pén	Code de procédure pénale
D.A.P.	Direction de l'Administration Pénitentiaire
Dr. pén	Revue Droit pénal
Ed	Edition
Gaz. Pal	Gazette du Palais
Infra	Ci-dessous
JO	Journal Officiel
JCP	Jurisclasseur, La semaine juridique
Not	Notamment
P, pp	page(s)
Préc	Précité
Rev. sc. crim	Revue de science criminelle et de droit pénal comparé
RFD adm	Revue française de droit administratif
RTD civ	Revue trimestrielle de droit civil
S	suivant
Supra	Supra
V	Voir

Introduction

Ma propre fascination pour le thème de l'évasion, je la dois à mon grand père d'adoption Roger Leslie Grey (mon grand père biologique, George Evans, fût tué lorsque ma mère avait trois mois, lui aussi atteint par la seconde guerre). Son expérience du conflit mondial de 1945 est digne de l'un de ces films des années soixante, glorifiant les héros américains et britanniques. J'avais été bercée par les récits de son retour de « Dunkirk » dans un petit rafiot traversant La Manche, qui le fit croiser – et détester – celui qui allait devenir près de dix ans plus tard son beau-frère. A quelques temps de là, il devait participer au front britannique en Libye, jusqu'à son arrestation par les Italiens. Il fut alors transféré dans l'un de ces camps de prisonniers où la faim conduit « pour de vrai » à manger du chat ou du rat – il racontait en riant de nous voir faire une moue de dégoût, que cela était délicieux et avait le goût du lapin. L'humour anglais, naturellement, l'avait aidé à survivre : lui et ses compatriotes, comme dans les films, passaient leur temps à chercher le moyen d'irriter leurs geôliers. Mais lorsqu'en 1942 les Allemands envahirent l'Italie menaçant de reprendre le camp en main, mon grand père et quelques-uns de ses camarades décidèrent de s'évader. Avec la complicité d'une infirmière, ils volèrent une ambulance. Tentant le tout pour le tout, sous les rafales de balles, seulement deux d'entre eux sur les douze survécurent. S'ensuivit une rocambolesque cavale de neuf mois dans la campagne italienne avant qu'il puisse rejoindre les troupes alliées. A nouveau incarcéré, cette fois par les alliés, le temps que son identité soit vérifiée (son hâle dû à son séjour prolongé à l'air libre le faisait ressembler aux italiens…), il fût rapatrié sur un navire américain où il fut atteint de dysenterie, ce qui acheva de l'amaigrir plus encore. En revenant à Newcastle, mon grand père fut accueilli par une fanfare ; il ne pesait plus que trente-cinq kilos.

De telles aventures, a fortiori lorsqu'elles sont réelles, inspirent l'admiration, le respect, font rêver tout à la fois. Il n'est place pour nulle ambivalence dans l'appréciation de ces élans vitaux vers la liberté. Durant les guerres, quelles que soient les latitudes, le prisonnier est toujours un héros s'il « breaks out». S'il est repris, sa vie ne vaut toutefois pas cher.

Les choses sont plus complexes en temps de paix, s'agissant pour des détenus de tenter d'échapper à leur procès ou à leur peine. L'ambivalence de la perception de nos contemporains à ce sujet est patente. La presse comme la littérature ou le cinéma s'en font l'écho : l'évadé est craint et admiré ; nous souhaitons tout autant son échec que sa réussite (Chapitre 1)

Sur le plan juridique en revanche, l'évasion n'est plus comme autrefois un droit inhérent à tout être humain (Chapitre 2). De plus, elle fait l'objet d'une impitoyable répression (chapitre 3), exorbitante du droit commun à bien des égards. Le droit positif est néanmoins plus charitable s'agissant de régir les conséquences de l'évasion « réussie » (Chapitre 4).

L'acharnement répressif de l'évadé a des effets contre productifs : plus la liberté s'éloigne et plus les plus réfractaires à la privation de liberté y aspirent. Ce sont là les ingrédients majeurs de ces évasions multiples.

1

Aspects psychologiques de l'évasion

Entre admiration et crainte, l'évadé suscite dans le grand public des réactions contrastées (Section 1). Si tous les évadés répondent à l'appel de la liberté, tous n'ont toutefois pas le même profil psychocriminologique (Section 2).

Section 1. La perception de l'évasion

Ecoutant les informations portant la nouvelle de ce qu'une nouvelle évasion a été tentée ou réalisée, l'auditeur peut osciller entre des réactions diamétralement opposées, lesquelles sont avant tout dépendantes de facteurs divers, qu'il est utile de comprendre (§-1), certains résistant aux tentatives de modelages que peuvent lui imprimer media, politiques et œuvres culturelles (§-2).

§ 1. Les données de l'ambiguïté

Enseignant durant plusieurs années le droit pénal spécial en troisième cycle, j'ai systématiquement proposé l'évasion comme sujet d'étude. Etrangement, cette qualification, ainsi d'ailleurs que toutes les formes d'atteinte à la justice, est toujours oubliée du cours magistral dispensé en master 1. Pourtant, elle recèle maintes sources d'interrogation passionnantes.

Elle a été chaque année pour nous l'occasion de réaliser un modeste sondage d'opinion, lequel confortait généralement un constat aisé à faire dans tout autre groupe social. Les étudiants sont tout autant fascinés que traversés par une classique ambivalence : entre admiration et répulsion, crainte et amusement. En recherchant au plus près des émotions de chacun ce qui peut se jouer – et auquel l'auteur de ces lignes n'échappe nullement – il, est possible de mettre en lumière les réactions et sentiments immédiats suivants. Nous avons tous à la fois le désir de voir l'évadé arrêté rapidement, comme manifestation du bon fonctionnement de nos institutions et celui de le voir réussir sa cavale. Nous avons tout à la fois la crainte, peut-être, de le voir croiser notre chemin ou celui d'un proche et le souhait de le voir déjouer les efforts de la police. Dans tous les cas, le ressort de ces émotions, plus que raisonnement, est à trouver dans l'identification : comment aurions-nous agi, ou comment aurions-nous aimé agir dans un cas identique ?

Au vrai, certains éléments de fait peuvent faire pencher la balance de manière nette dans un sens ou un autre. Ici encore, creuser plus avant au cœur du ressenti de ces « spectateurs non impliqués » que nous sommes tous, conduit à isoler divers facteurs déterminants. Ils ne sont pas totalement étrangers à ce que peuvent parfois révéler le roman, le théâtre ou le cinéma.

Plusieurs d'entre eux tiennent d'abord à la personnalité de l'évadé. Ils sont essentiellement en lien avec l'infraction à raison de laquelle il était incarcéré. Le premier qui apparaît est généralement la nature même des faits qui lui sont reprochés. Plus ils sont violents, moins ils sont défendables, et plus l'élément de crainte domine. C'est une réaction de défense sociale, mais aussi de projection individuelle : et si nous avions à le croiser, le craindrions-nous ? Si la réponse est négative, il ne nous apparaît plus aussi urgent ou indispensable de le voir repris.

La légitimité des poursuites peut ensuite être un élément important. S'il existe un doute sur la culpabilité de l'évadé, une autre identification peut s'opérer : comment réagirions-nous si nous étions privés de liberté à tort ? Avons-nous vraiment une confiance aveugle dans le fonctionnement de la justice pour penser qu'à sa place nous aurions attendu patiemment l'issue de la procédure ? La légitimité des poursuites, dans des systèmes judiciaires plus imparfaits encore que le nôtre peut être intrinsèquement sujet à caution. Tel est le cas en présence de détentions politique, d'opinion, d'oppression, etc. L'histoire fait d'ailleurs généralement par la suite de tels évadés des héros. N'est-ce pas elle qui départage aussi terroristes et résistants ? Encore faut-il en ce domaine, comme en celui de l'évasion, que les faits aient été commis dans des conditions acceptables.

C'est qu'un second ordre de considération déterminant pour la perception populaire mais aussi intime, des faits d'évasion, tient à son mode opératoire. Quelle que puisse être l'appréciation de son éventuel bien fondé, dans son principe même, si elle est réalisée avec violence, prise d'otage, destruction importante des bâtiments, si les conditions de la fuite empruntent à l'une quelconque de ces circonstances, elle ne sera pas perçue avec la moindre bienveillance, ni avec le moindre sens de l'humour.

Le mode opératoire peut inversement venir renforcer de tels sentiments. Il en va notamment ainsi lorsqu'il est particulièrement spectaculaire (hélicoptère, escalade...), ingénieux (copie de clefs, désamorçage de dispositifs de sécurité...) ou astucieux (faux fax envoyé à la prison ordonnant la mise en liberté). Nous sommes alors admiratifs de voir tant d'astuce ou d'intelligence mise au service du bien le plus précieux, la liberté. Il en va d'autant plus ainsi lorsque l'évasion survient depuis un établissement de haute sécurité ou à la réputation « no escape », comme ce fut le cas depuis Alcatraz. L'identification à nos frères humains joue aussi en présence d'une volonté sans faille s'étant manifestée durant plusieurs mois (tunnel creusé à mains nue...). Elle fait appel à l'imaginaire émotionnel lorsque des tiers sont venus au secours de l'évadé dans des conditions prouvant la force de leurs sentiments (épouse apprenant à conduire un hélicoptère, frère venu au parloir échangeant sa place avec celui qui est détenu...).

L'identification joue encore à plein lorsqu'il s'agit d'une troisième série d'éléments : les conditions d'incarcération. Plus elles sont difficiles, moins elles sont tolérables et plus le public, s'il en est informé, pourra comprendre que l'intéressé n'avait guère d'autre choix. Moins le détenu est traité en humain et plus il nous apparaît juste de le voir tout tenter pour revenir à la communauté des hommes.

Mais rares sont les situations aussi tranchées. Dans de nombreux cas, nous sommes ballottés aussi bien vers des sentiments de rejet que vers des sentiments d'empathie et sans doute aussi de sympathie. D'où cette ambivalence, que nous évoquions *supra*. L'on peut ainsi admirer les évadés creusant un tunnel durant plusieurs mois, mais finalement aspirer à leur capture suite à des vols de voiture sanglants qu'ils ont réalisés pour assurer leur fuite.

Tout ceci se traduit par des aspirations apparemment paradoxales. Nous souhaitons à la fois que tout soit fait pour prévenir les évasions et pour la reprise des fuyards, mais nous aimerions bien que l'appareil répressif ne s'acharne pas à les retrouver s'ils sont peu ou pas dangereux ou s'ils sont opprimés ou astucieux. Nous espérons de la même manière que les peines prononcées tiennent compte de ces éléments contradictoires.

Assurément ces oppositions internes s'expliquent pour une bonne part par des éléments extérieurs.

§. 2. Le modelage de l'opinion publique

La littérature, le cinéma tout à la fois constituent des représentations romancées des perceptions que nous avons étudiées *supra* et participent du modelage de celles-ci. Nous y retrouvons les différents ingrédients faisant pencher la balance du côté de la sympathie ou du rejet.

Dans le cinéma et la littérature, l'innocence est naturellement surreprésentée pour susciter l'empathie vis-à-vis de l'évasion. C'est une cabale montée contre Edmond Dantès qui le conduit à être privé de liberté : pas un lecteur de Dumas ne songera à s'inquiéter de son insoumission à la justice.

Mais de plus subtiles situations humaines peuvent parfois être soumises à l'appréciation du spectateur. Dans *Papillon*, point d'innocence. Les faits reprochés à l'intéressé ont bien été commis et sont de nature criminelle. Ils sont toutefois explicables par la passion humaine. L'on a certes affaire à des coupables, mais à des êtres humains. L'identification peut opérer. Papillon force le respect par sa détermination et par la répétition de ses tentatives. Il attriste par ses échecs.

Les évadés d'Alcatraz, dont l'exploit, fondés sur une histoire vraie, ont donné lieu à plusieurs films (et not. celui, remarquable, de Siegel, *Escape From Alcatraz*, avec Clint Eastwood), sont sans doute plus inquiétants. Pour autant, le spectateur ne peut s'empêcher d'espérer leur succès, tant leurs conditions d'incarcération dans cette prison « no escape » sont inhumaines. L'ingéniosité dont ils font preuve force au surplus l'admiration. *Dans un condamné à mort s'est échappé*, de Bresson, c'est la peine de mort elle-même qui est mise en cause. L'intéressé a-t-il le choix de s'y soumettre ?

De nombreux films de guerre font également état de spectaculaires évasions. Il est ici avant tout question d'héroïsme et d'honneur (v. par ex. *The Great Escape*). Point de place, dans ces circonstances, pour l'ambivalence. Les sentiments ainsi provoqués sont simples.

Avec une série américaine, dont le sujet essentiel est précisément l'évasion, comme *Prison Break*, le temps peut être pris de dérouler la palette de tous ces sentiments puisque plusieurs personnages vont tenter de prendre la fuite. Nous y trouvons aussi bien l'innocente victime d'une cabale, que son frère, qui met son intelligence à son service, mais aussi un dangereux criminel sexuel, et d'autres personnages intermédiaires. Ici, les conditions désastreuses d'incarcération dans les prisons américaines conduisent à une identification. L'ambivalence est ici à son comble : si nous espérons voir les héros s'évader, nous sommes dans le même temps inquiets de voir certains des comparses retrouver ainsi la liberté.

Les media jouent donc sur cette palette contradictoire de sentiments. Naturellement, ceux qui interviennent dans le quotidien, radio, télévision, presse, jouent plus volontiers du ressort du sensationnel. Il n'est donc pas question, dans ces conditions, d'évoquer ces évasions « Pied Nickelé », de désespérés vite repris, ayant agi sans ingéniosité ni préparation, pas plus que celles de condamnés ordinaires ne rentrant pas de permission. La violence, l'intelligence, la ruse, le spectacle, l'organisation, le profil dangereux ou particulier, sont inversement mis en lumière.

Seuls les politiques se départissent finalement de ces sentiments et ressorts communs à la population, à la culture et aux media. Il ne leur est naturellement pas possible d'approuver, ou même de nuancer les faits. Mis en face de ce qui est présenté par la presse comme la preuve de l'échec de l'institution dont ils constituent l'autorité de tutelle, ils ne peuvent que faire preuve de la plus grande fermeté envers le ou les auteurs. Des promesses sont souvent avancées : l'ensemble des forces répressives sera mis au service de la recherche des fugitifs ; des sanctions exemplaires seront prises ; des réformes législatives seront rapidement adoptées. Il s'agit avant tout de prouver que les administrations responsables ont bien fait leur travail ou qu'à tout le moins, si tel n'a pas été le cas, les erreurs seront réparées soit dans le dossier en cause, soit du moins pour l'avenir (: les réformes interviendront pour que « cela » ne soit plus possible). Naturellement issues du monde politique, les lois sont empruntes de cette sévérité. Elles ne sont donc que partiellement le reflet des éléments alimentant l'ambivalence de l'opinion publique ; encore moins de ce qui participe du désir de liberté des évadés.

Section 2. Les ressorts de l'évasion

Il est assez aisé de dégager les ingrédients de l'évasion et notamment de la spirale de l'évasion : lourdeur infinie de la peine ou pulsion vitale vers la liberté.

§. 1 La lourdeur impensable de la peine

Le désir d'évasion est inhérent à toute incarcération. Passer à l'acte est une autre affaire. Des facteurs bien précis doivent être présents pour déclencher, non pas seulement un tel élan, mais bien parfois l'évidence de celui-ci. L'évasion peut en effet apparaître comme inévitable.

Il en va notamment ainsi, dans de très nombreux cas, parce que la détention apparaît impensable à l'intéressé. Cette impossibilité à la subir survient notamment lorsqu'une peine est disproportionnée par rapport aux faits ou par rapport à l'âge de l'intéressé. Cet élément apparaît dans la quasi-totalité des témoignages écrits d'habitués de l'évasion. Tel est par exemple le cas dans l'ouvrage de Michel Voujour, *Ma plus belle évasion* (2005, ed. de Noyelles). Jeune auteur d'un vol impulsif de voiture (pour conduire sa fiancée au bal), il subit non seulement trente mois de détention, mais encore cinq ans d'interdiction de séjour qui le priveront du droit de voir sa fille, laquelle réside précisément dans le département prohibé.

L'injustice de la condamnation peut aussi ressortir de circonstances extérieures à sa durée même. Ainsi, dans son ouvrage précité, Michel Vaujour fait-il état de manigances d'un commissaire de police destinées à obtenir une lourde peine contre lui, afin que son fils puisse voler à l'auteur sa fiancée.

La première évasion est sanctionnée d'une peine qui va s'ajouter, par suite de l'application de la règle du cumul, que nous étudierons *infra*, à celle qui réprimait les faits pour lesquels la personne était initialement incarcérée. Pourront encore être prononcées d'autres peines à raison des infractions commises pour financer la cavale et dont la confusion est incertaine. Le caractère insupportable, psychiquement, de la détention ne peut naturellement que croître. C'est alors une spirale d'évasions et de tentatives, nourrie par un désespoir qui va grandissant et, bien souvent, une organisation et des réseaux de plus en plus professionnalisés. Le système judiciaire est à la source même des ressorts psychologiques de ces répétitions.

Un autre facteur causal de ces évasions multiples est institutionnel. Le caractère insoutenable de la détention peut aussi découler de ses conditions. Nombre de ces détenus habitués de la « belle » ont été incarcérés à l'origine en des temps où ces conditions étaient si ignobles (froid, privations alimentaires, hygiène déplorable, surveillants mal formés et trop souvent violents... v. not. les récits de C. Bauer, *Fractures d'une vie,* Seuil, 1992) qu'elles pouvaient à elles seules radicaliser les esprits les plus tranquilles. Il en va particulièrement ainsi dans les prisons ou quartiers de haute sécurité dont, pourtant, l'évasion est réputée quasiment impossible. Assurément, elles déclenchent au contraire des vocations (v. par ex. J.Mesrine, *L'instinct de mort,* Ed . champ libre, 1984, M. Vaujour, préc.).

L'âge auquel la première détention fondatrice se produit compte également : l'incarcération de mineurs est facteur certain de récidive, cela est connu et peut être à l'origine d'un rejet viscéral de toute répétition de l'expérience initiale (Knobelpiess, *Voleur de poules. Une histoire d'enfant*, Flammarion, 1991; Claude Lucas, *Suerte*, Plon, Terre Humaine, 1995)

Reste qu'il fallait néanmoins des profils particuliers pour passer à l'acte. La plupart des évadés chroniques sont des rebelles dans l'âme, tempérament dont ils témoignent dès la petite enfance (v. not. Vaujour, Mesrine, Bauer, Knobelpiess, etc.).

Le chemin inverse de celui qui a conduit le détenu à entrer dans la spirale des évasions suivies de réincarcérations pour des durées toujours plus longues, s'arrête également sur la base de facteurs tout aussi prévisibles. Il s'agit souvent de la découverte d'une autre forme d'évasion : yoga (Michel Vaujour) ou études (Charlie Bauer, Philippe Maurice, ce dernier n'étant pas, notons le, un évadé). Il s'agit aussi souvent, comme la criminologie le montre d'une manière plus globale, en tant que facteur général d'arrêt des conduites délinquantes, de la constitution d'une nouvelle famille grâce à une nouvelle rencontre amoureuse (Charlie Bauer, Michel Vaujour) ou la consolidation de liens plus anciens (Patrick Brice). Bien souvent, néanmoins, l'arrêt de la délinquance est possible parce que l'institution même qui a constitué le facteur causal majeur des évasions à répétition, prend un tour humain, au travers d'une décision plus juste ou en accordant sa confiance (Patrick Brice a bénéficié d'une confusion des trois peines prononcées contre lui), notamment du fait d'aménagement de peine (Patrick Brice a eu une libération conditionnelle en 2001) ou de la personnalité particulière d'un magistrat.

Chez certains évadés, la pulsion de liberté est le facteur déterminant de l'évasion.

§. 2 La pulsion de liberté

Tout détenu qui s'évade répond à un appel fort de la liberté. Tel est d'abord le cas de tous ceux qui agissent sans réfléchir, sans organisation et profitent notamment de la négligence ou de l'inattention d'un gardien, membre de l'escorte, ou autre.

Cette pulsion peut néanmoins conduire aussi à des tentatives plus structurées. Ce peut être le cas des prisonniers de guerre ou résistants, pour qui l'évasion est aussi un moyen de lutte contre l'oppression, l'envahisseur, l'occupant.

Il peut s'agir d'ailleurs parfois de gestes qui ont une portée avant tout symbolique, voire provocatrice. Tel était ainsi fréquemment le cas de ces détenus membres de l'IRA (v. P. Hayes, *Break Out ! Famous Prison Escapes*, The O'Brien Press, 2004), lesquels s'inspiraient d'ailleurs paradoxalement des actes d'héroïsme des anglais durant le second conflit mondial comme ces officiers qui organisèrent la plus importante évasion d'un stalag (T. Carroll, *The Great Escape from Stalag Luft III*, Pocket Books, 2004). Ce fut le cas durant la seconde guerre mondiale, des résistants qui tentèrent de s'évader collectivement de la prison de Melun.

Quels que soient l'époque ou le pays de commission, la répression de l'évasion est lourde, participant ainsi de sa chronicisation.

2

Le cadre juridique de l'évasion

Comme pour l'étude de n'importe quelle infraction, il est nécessaire de préciser qui peut être son auteur (Section 2), quels sont les éléments matériels constitutifs de l'acte (Section 3) et dans quelle mesure est nécessaire un élément intentionnel (Section 4). Il est toutefois d'abord indispensable de comprendre pourquoi le droit positif réprime l'évasion et sa tentative (Section 1).

Section 1. Les fondements de la répression

Des fondements, que l'on peut qualifier de classiques, étaient traditionnellement évoqués pour justifier la répression de l'évasion (§-1). Aujourd'hui, ils doivent céder la place à des fondements plus modernes (§-2), d'ailleurs plus en phase avec les réalités psychosociologiques que le premier chapitre de cet ouvrage a mises en exergue.

§. 1. Les fondements classiques

Ce sont traditionnellement (v. not. Baud, *Evasion*, Répertoire pénal Dalloz), deux fondements qui sont invoqués pour fonder la répression de l'évasion : l'évadé refuse de se soumettre à la justice ; il constitue un risque pour la sécurité publique.

A. L'insoumission à la Justice

Le premier des fondements généralement invoqués (Thomas, *Evasion*, Jurisclasseur Pénal) au soutien de la répression de l'évasion est la violation d'une décision de justice (condamnation à une peine privative de liberté, placement en détention provisoire, mesure de surveillance électronique mobile, etc.) ou à l'injonction de l'appareil de la Justice. Il faut cependant immédiatement noter que seule l'institution de la Justice est ici citée alors que le droit positif retient l'évasion d'un local de garde à vue. Il appartient, rappelons-le, aux officiers de police judiciaire et non à la Justice de décider de celle-ci.

En France, il n'est néanmoins fait aucune différence selon que la décision violée par l'acte a été une condamnation définitive à une peine, un placement en détention provisoire ou une garde à vue. De telles distinctions s'imposeraient pourtant si le fondement tenant à la violation de l'autorité d'une décision de justice était pertinent. Ne pas se soumettre à une condamnation établissant judiciairement que l'intéressé est coupable constitue à n'en pas douter une violation plus grave que se dérober à une détention provisoire alors que l'on est encore présumé innocent. A fortiori la sanction devrait être plus légère, voire inexistante, en matière de garde à vue, faute pour une autorité judiciaire d'être intervenue.

Le fondement tenant à la violation d'une décision de justice apparaît en revanche plus pertinent si l'on s'en tient à l'ordonnancement textuel. C'est bien en tant qu'atteinte à l'autorité de la justice que l'évasion est punie, car elle figure au sein d'une Section III du code pénal intitulée « des atteintes à l'autorité de la justice ». Le droit récent (loi n° 2004-204 du 9 mars 2004) le confirme plus encore puisque l'évasion par nature est désormais punissable même sans violence, effraction ou corruption. Peu importe ici le modus operandi ou la dangerosité de l'intéressé : c'est bien la seule insoumission à la Justice qui est sanctionnée.

Sur le plan pénologique, c'est néanmoins un fondement plus sérieux qui paraît devoir expliquer non seulement la répression de l'évasion, mais encore l'acharnement tout particulier dont fait l'objet l'évadé.

B. Le risque pour la sécurité publique

Il est en effet évoqué ensuite le risque de commission de nouvelles infractions, soit, en termes plus généraux, le risque pour la sécurité publique.

Dans le sens de cette analyse, il convient surtout de relever que le droit pénal, et ce plus encore depuis la loi précitée du 9 mars 2004 (ci-après loi « Perben 2 »), retient des formes aggravées d'évasion selon les modalités de commission de celle-ci.

Ce risque est très sérieux pour certaines catégories de délinquants, ceux qui se sont évadés sur la base d'une organisation, de soutiens extérieurs. Ceux-là, d'ailleurs, chercheront par tous les moyens à rester libres. Au demeurant ils n'auront pas le choix, tant il est vrai qu'une cavale coûte extrêmement cher : tout doit être payé en liquide, loyer compris ; il faut acheter des silences, etc. Seule une activité délinquante, d'une certaine envergure qui plus est (braquage, trafics divers), peut assurer de tels revenus.

Mais une bonne partie de ceux qui s'évadent le font de manière spontanée (sauter par la fenêtre du local de garde à vue, profiter de la négligence du gardien qui fait l'extraction médicale…), et même impulsive, pour ne pas dire absurde et quasi suicidaire (: ne pas rentrer de permission ou de semi-liberté alors que l'on est en fin de peine est à l'évidence aberrant). Dans ces circonstances, la dangerosité du délinquant est réduite, pour ne pas dire nulle. En général, il se laissera prendre sans difficulté, n'a d'autre plan que retourner chez Maman, Petite Amie ou dans son ancien appartement. Naturellement c'est là qu'il est attendu et par conséquent sera rapidement repris.

Il arrive aussi que l'intéressé n'ait pas véritablement eu la volonté de s'évader – et nous reviendrons sur l'élément intentionnel dans la section 4. Tel est évidemment le cas de celui qui revient avec retard de permission suite à une grève SNCF ou une chute de cathéner sur la voie ; de celui qui a eu un accident de voiture ou a fait l'objet d'un contrôle policier sur le chemin du retour. En demi-teinte, c'est également le cas, particulièrement fréquent, de celui qui s'étant enivré ou ayant fêté sa permission de sortir a oublié l'heure du retour ou s'est assoupi. C'est encore le cas de celui qui croyait légitimement que sa permission durait plus longtemps. Nous y reviendrons *infra*. Retenons pour le moment que dans ces situations, la dangerosité du condamné est nulle.

Sa dangerosité réelle n'est précisément pas prise en compte dans la définition de l'évasion ou de sa sanction. Elle l'est seulement de manière partielle au regard de l'aggravation de la sanction en cas de violence, d'effraction ou de corruption. Cela ne suffit toutefois pas à caractériser la dangerosité réelle de l'intéressé. Ceci est a fortiori vrai si l'on compare à d'autres infractions pour lesquelles le droit positif a fait preuve de beaucoup plus d'imagination, comme, par exemple le vol ou la violence. A tout le moins aurait-on pu prendre en compte les faits à raison desquels l'agent était privé de liberté. Ne pouvait-on par exemple distinguer les auteurs de crimes et de délits ou les auteurs de faits ayant porté atteinte à des personnes et ceux n'ayant porté que sur des biens ? Même s'il est exact que, sur un plan criminologique, l'auteur d'un vol simple peut, par exemple, être en réalité plus dangereux que celui d'un homicide, la prise en compte de cette différence d'infraction, qui est couramment faite à l'étranger, aurait pu être posée en droit positif. N'est-ce pas la preuve qu'en réalité, ce n'est pas véritablement la dangerosité de l'intéressé qui fournit le fondement de la répression de l'évasion ?

Aucun fondement classique n'emportant réellement la conviction, il faut sans doute en rechercher d'autres qui soient de nature à expliquer la répression elle-même, ainsi que ses modalités particulièrement sévères.

§. 2. Les fondements modernes

Nous faisons ici la proposition que le fondement de la répression implacable de l'évasion est avant tout qu'elle révèle l'échec de l'institution à accomplir sa mission la plus basique, soit s'assurer de la personne de l'intéressé et que, plus encore que cet échec lui-même, c'est sa révélation qui est crainte. Le véritable fondement de la répression de l'évasion est ainsi la crainte de la diffusion médiatique de cet évènement.

Naturellement une telle crainte est contemporaine de l'information de masse. Elle trouve aussi sa source dans l'avènement de l'exigence populaire de sécurité.

Sans prétendre ici à une exhaustivité historique sur ce point, faisons état d'une date qui nous paraît particulièrement intéressante à cet égard. En 1963, deux détenus de l'OAS – et par conséquent, déjà, deux terroristes, ce qui donnait à l'affaire un retentissement particulier – s'évadaient de Fresnes. Il fut établi qu'ils avaient bénéficié de la complicité d'un surveillant. Le général De Gaulle devait écrire au Premier Ministre de l'époque, Gorges Pompidou, afin de lui exprimer son courroux. Il faisait état de la négligence de tous les services et concluait : « *Le ministère de la justice ne fait pas son devoir* » (Lettre parue in Notes et carnets du général, 1986 et citée par J. Favard, *Des prisons*, Flammarion, 1994, pp. 18-19). A partir de là devait s'ouvrir une période d'obsession absolue quant à l'évasion. Le ministre de la justice devait ainsi dire aux Directeurs régionaux de l'administration pénitentiaire : « *Tous les agents de cette Administration doivent être dans une véritable angoisse de l'évasion* » (Cité par N. Castan, C. Faugeron, J.G. Petit, M. Pierre, A. Zyberg, *Histoire des galères, bagnes et prisons : XIII-XX Siècles,* ed. Privat, 1990, p. 323).

Cette obsession devait notamment conduire à la création des fichiers des détenus particulièrement signalés (D.P.S.). Cela devait par ailleurs être l'une des causes de la sérieuse dégradation de l'atmosphère régnant alors dans les prisons et contribuer ainsi aux mouvements du début des années soixante-dix. Après ceux-ci, et notamment à partir de 1975, l'on revint à des attentes plus raisonnables. Le directeur de l'administration pénitentiaire devait d'ailleurs renier les termes mêmes qu'avait utilisés le ministre de la justice au début des années soixante (v. Favard, *op. cit.*, p. 20).

Cependant de nouvelles évasions spectaculaires se produisirent dans les années suivantes et notamment en 1992. Au point de conduire les politiques à des emportements regrettables. Le ministre de la Justice de l'époque devait ainsi déclarer qu'il conviendrait dorénavant de tirer sur les hélicoptères. Une décennie encore et si le nombre d'évasion est en régression constante, leur répression accrue se justifie désormais par la radicalisation de leurs auteurs, lesquels n'hésitent plus à attaquer les établissements pénitentiaires depuis l'extérieur (Fresnes, 2004). Elle s'explique aussi par une demande de sécurité plus grande encore de la part des français, qui ont à cet égard une tolérance zéro. Au demeurant les politiques se sont résolument engagés, au cours de la décennie actuelle, dans une voie résolument répressive (v. not. J. Danet, *Justice pénale. Le tournant*, 2005, ed. Le Monde). Vendant un produit, la sécurité, à leurs concitoyens, au travers d'un moyen simpliste, incarcérer plus et plus longtemps (v. not. N. Christie, *L'industrie de la punition*, ed. Autrement, 2003), ils ne pouvaient naturellement que frémir à l'idée que certains de ceux qu'ils avaient promis de tenir longtemps à l'écart puissent échapper à la vigilance de l'institution.

Aujourd'hui plus encore qu'hier, l'évasion est le signe que l'institution pénitentiaire et les gouvernants, lesquels ont fait de la sécurité leur sujet quasi unique de débat et de politique publique, ont failli à la mission première, pour ne pas dire exclusive, de l'emprisonnement, i.e. garder les délinquants en dehors de la société. Lorsqu'un détenu s'évade, il va se retrouver dans le monde libre. Toutefois ceci ne soulève véritablement de difficulté que si cela fait l'objet d'une médiatisation.

A l'inverse, l'évasion ignorée des media et donc du public, ne génère ni promesse de réforme, ni acharnement. Il en va notamment ainsi pour le plus grand nombre d'entre elles, soient les évasions par assimilation (non-retour de permission de sortir par exemple) ou par ruse (par exemple, fait de profiter de la négligence d'une escorte lors d'une extraction), lesquelles passent inaperçu et peuvent être traitées de manière plus discrète. D'ailleurs l'institution entretient le secret, surtout ces dernières années, qui n'a pas publié de données chiffrées complètes depuis longtemps. Le dernier rapport annuel remonte à 2002 et portait sur l'année 2000. Ne sont plus rendues publiques que des données très succinctes dans des « *Chiffres clefs de l'administration pénitentiaire* » que l'on peut trouver sur le site justice.gouv.fr.

Au contraire, qu'une évasion soit médiatisée et elle le sera soit à raison de la personnalité du détenu (dangerosité particulière, terrorisme, grand banditisme, etc.), des circonstances exceptionnelles de réalisation de l'acte (creuser un tunnel, utiliser un hélicoptère, échanger sa place en prison avec son frère venu au parloir, adresser un faux fax de mise en liberté à la prison…), de son extrême violence (attaque de la prison, usage d'explosifs, prise d'otages parmi les personnels ou homicide…), de son indignité (complicité de surveillants) et alors ce sont les media nationaux qui s'en emparent, contraignant le gouvernement à promettre l'arrestation prochaine, puis les sanctions les plus sévères afin de ne pas passer pour un coupable laxiste ou incapable.

Les sanctions peuvent aussi frapper les autorités locales. Il est fréquent que le chef d'établissement subisse une mutation-punition, même s'il n'est pas en faute.

De prime abord l'obsession sécuritaire paraît avoir produit des résultats. Il y a quelques années encore se commettaient chaque année environ 35 évasions « vraies » (et non des retards) réussies (et non des tentatives). Mais il n'y eut que 18 évasions en 2005 (: « *Chiffres clefs de l'administration pénitentiaire* ») ; 11 en 2006 et 12 en 2007 (*L'administration pénitentiaire en chiffres*, janvier 2008). Cette régression ne doit toutefois pas être seulement imputée à des réformes législatives ou à l'utilisation de moyens matériels modernes (filins de sécurité au dessus des cours de promenade, par ex.). Elle est également le fruit d'une modification sociologique profonde des populations placées sous main de justice. Moins rebelles, moins organisées, plus individualistes, souvent plus malades… elles n'ont ni le ressort psychologique ni les moyens matériels et humains pour songer à l'évasion ou pour la réussir. N'importe quel condamné ne peut en effet s'improviser auteur de cette infraction.

Section 2. L'auteur

Seule une personne détenue peut être auteur d'une évasion. Toutefois, cette notion est entendue de manière assez large (§-1). Le droit pénal vient par ailleurs également sanctionner les auteurs de faits de connivence à évasion (§-2).

§. 1. L'auteur de l'évasion elle-même

Le droit positif désigne limitativement les catégories de personnes détenues pouvant être auteurs de l'évasion proprement dite. Est ainsi exclu tout autre statut que ceux spécialement visés à l'article 432-28 du code pénal.

A. Personnes pouvant être auteur d'une évasion

L'article 434-28 du code pénal énonce qu'est « *regardée comme détenue la personne* » qui appartient à l'une des cinq catégories que ce texte énumère et qui peuvent être regroupées autour de quatre: gardés à vue ; personnes présentées à la justice ou en exécution d'un mandat ; condamnés à une peine privative de liberté ; personnes sous écrou extraditionnel.

1. Gardé à vue

L'article 434-28, 1° du code pénal vise une personne « *qui est placée en garde à vue* ». Il s'inspire de solutions initialement retenues en jurisprudence (Cass. Crim., 28 avril 1836, *S.* 1836, 1, 702 ; Cass. Crim., 17 mars 1943, *DA* 1943, p. 42, *Gaz. Pal.* 1943, 1, p. 197).

C'est naturellement le Code de procédure pénale qui définit ce qu'est un gardé à vue. Peut seule être gardée à vue la personne à l'encontre de laquelle existent des raisons plausibles de penser qu'elle a commis ou tenté de commettre une infraction (C. pr. pén., art. 63, pour l'enquête de flagrance ; C. pr. pén., art. 77, pour l'enquête préliminaire ; C. pr. pén., art. 154, pour l'instruction).

Ne serait notamment pas un gardé à vue le témoin qui serait simplement entendu pour audition. Il ne pourrait donc être tenu pour évadé s'il se dérobait.

Il en irait de même s'agissant de la personne mineure de treize ans qui, aux termes de l'article 4 de l'ordonnance du 2 février 1945 « *ne peut être placé en garde à vue* ». Si elle peut être « retenue » dans des conditions dont il faut admettre qu'elles sont fortement similaires à celles de la garde à vue, pour autant, en droit strict, l'analogie est impossible.

Pour la même raison, ne pourrait commettre d'évasion faute d'être assimilé à un gardé à vue, celui qui serait retenu dans une cellule de dégrisement (Code des débits de boisson, art. L 3341-1).

La personne ne saurait être tenue pour évadée tant qu'elle n'est pas formellement placée en garde à vue et plus précisément qu'elle en ait reçu notification, dans les conditions de l'article 63-1 du code de procédure pénale.

En revanche seul compte le fait que la personne est juridiquement placée en garde à vue ; peu importe qu'elle soit ou non effectivement retenue dans un local de garde à vue. C'est ainsi qu'il convient d'interpréter un arrêt (Cass. Crim., 16 janv. 2001, pourvoi n° 00-85381) qui retient bien la qualification d'évasion s'agissant d'un détenu qui avait réussi à retirer ses menottes et à pousser le fonctionnaire de police qui se trouvait avec lui lors de son transfert entre le commissariat et le siège de la police judiciaire. Précisément, le droit positif qualifie a fortiori de détenu celui qui va être présenté à l'autorité judiciaire.

2. *Personne présentée à la Justice ou sous mandat*

L'article 434-28, 2° vise ensuite la personne « *qui se trouve en instance ou en cours de présentation à l'autorité judiciaire à l'issue d'une garde à vue ou en exécution d'un mandat d'amener ou d'arrêt* ».

Il est à noter à cette occasion que le juge de l'application des peines est également habilité à délivrer des mandats d'amener ou d'arrêt (C. pr. pén., art. 712-17).

En pratique, l'évasion sera réalisée plus aisément dans un tel cadre, puisque l'intéressé ne se trouve pas derrière les murs d'une prison. Il en va d'ailleurs généralement ainsi chaque fois qu'il les quitte à l'occasion d'un transfèrement ou d'une extraction.

Le point 3° de l'article 434-28 ajoute l'hypothèse d'une personne « *qui s'est vue notifier un mandat de dépôt ou un mandat d'arrêt continuant de produire effet* ». Ceci vise principalement les personnes qui sont en détention provisoire. Cela peut aussi concerner celles sous incarcération provisoire, soit le court délai obtenu pour préparer sa défense (C. pr. pén. art. 145).

Il va de soi que le mandat d'arrêt en cause peut être européen.

Mais l'évasion, pour le grand public, désigne avant tout la situation d'une personne qui est détenue dans un établissement pénitentiaire.

3. Personne exécutant une peine ou arrêtée à cette fin

C'est seulement au paragraphe 3° de l'article 434-28 qu'apparaît enfin la personne qui incarne par essence l'évadé, soit celle « *qui exécute une peine privative de liberté ou qui a été arrêtée pour exécuter cette peine* ».

Il paraissait plus cohérent de commencer par cette notion, qui relève plus certainement de l'évasion par nature dont il est question avec les articles 434-27 et 434-28 du code pénal. Il y a là sans nul doute non seulement une évasion par nature, mais même l'évasion intrinsèque. Le code pénal semble toutefois avoir opté pour un autre type d'agencement : il a voulu aller crescendo de la détention sur décision policière au titre judiciaire, puis à la décision judiciaire. Le cas qui sera étudié après, de l'écrou extraditionnel, eût néanmoins dans ces conditions mieux trouvé sa place après le troisièmement, consacré aux mandats.

L'article 434-28, 4° vise en réalité deux situations : celle du condamné exécutant déjà une peine privative de liberté ; celle du condamné arrêté en vue de l'exécution d'une telle peine. Le premier cas couvre d'abord, classiquement, le sort de celui qui est incarcéré et écroué. Il renvoie à la notion intrinsèque, naturelle, de l'évasion, telle qu'elle est d'ailleurs définie au premier texte figurant au paragraphe 2 « de l'évasion », soit l'article 434-27 du code pénal. Toutefois, elle nous semble également applicable dans le cadre de l'article 434-29, qui sera étudié *infra*, dans la mesure où si celui-ci assimile à l'évasion par nature des situations distinctes de celle où l'intéressé est physiquement derrière des barreaux, elle n'en vise pas moins tantôt un détenu, tantôt un condamné à une peine privative de liberté.

Le second cas visé à l'article 434-28, 4° permet de retenir qu'il n'est pas nécessaire que l'intéressé soit d'ores et déjà écroué. Celui qui se dérobe à la vigilance de l'escorte le conduisant à la prison commet bien l'évasion par nature de l'article 434-27.

La notion de peine privative de liberté renvoie à une décision de justice d'un type particulier : celle qui condamne à une peine criminelle de réclusion ou correctionnelle d'emprisonnement. Elle renvoie également à la notion de détention, applicable aux infractions politiques.

L'évasion peut donc être commise par un détenu mineur dès lors qu'il séjourne dans le quartier pour mineur d'un établissement pénitentiaire classique. Elle peut aussi être commise par le jeune détenu dans un établissement pour mineur, qui offre une autre possibilité d'exécution des peines privatives de liberté de cette catégorie de condamnés. En revanche, le mineur détenu dans un centre éducatif fermé n'exécute pas une telle peine, puisque le séjour dans ces centres suppose qu'il se situe dans le cadre d'un sursis avec mise à l'épreuve, d'un contrôle judiciaire, d'un placement à l'extérieur ou d'une libération conditionnelle (art. 33 de l'ord. du 2 février 1945). S'il ne peut commettre dans ce cadre une évasion par nature, il faudra s'interroger *infra* sur l'éventuelle application de l'évasion par assimilation.

Dans cette forme d'évasion par nature il faut donc que l'intéressé se trouve à la fois effectivement derrière des barreaux ou murs et soit par ailleurs écroué. C'est ce que l'on observe encore dans l'hypothèse de l'écrou extraditionnel.

4. Personne sous écrou extraditionnel

Le cinquième paragraphe de l'article 434-28 renvoie au cas de la personne « *qui est placée sous écrou extraditionnel* ».

Cette solution avait été instaurée afin de mettre un terme définitif à une jurisprudence contraire, abandonnée peu de temps seulement avant le code pénal.

Pendant longtemps, la jurisprudence retenait que l'on ne pouvait considérer comme évadé celui qui était détenu en exécution d'une décision étrangère (Cass. Crim., 30 juin 1827, *Bull. Crim.*, n° 162 ; Nancy, 15 mars 1852, *S* 1852, 2, p. 507, *DP* 1853, 2, p. 95). Il n'était pas question alors, en raison du principe de territorialité, que la justice française aidât l'Etat étranger, même si, comme le soulignaient Merle et Vitu (*Droit pénal spécial*, Cujas, 1982, n° 601), cela était plus difficile à justifier dès lors que l'on songeait que « *l'ordre public français souffr(ait) aussi de la fuite d'un individu certainement dangereux* ».

Quoi qu'il en soit, l'internationalisation du droit pénal devait venir à bout de ces solutions à la veille de l'entrée en vigueur du Code pénal (:*Cass. Crim.*, 16 juin 1992, *Bull. Crim.*, n° 237, *D.* 1993, somm., p. 16, obs. G. Azibert, *Rev. Sc. crim.*, 1993, p. 539, obs. B. Bouloc, *Gaz. Pal.* 1993, 1, p. 117, note P. Doucet).

Cette solution compréhensive, désormais intégrée au Code pénal, ne doit toutefois pas laisser penser que le juge répressif se départit ordinairement du principe de l'interprétation stricte. Dès lors qu'une personne, quoi que privée de liberté, n'entre pas dans l'une des catégories visées à l'article 434-28, elle ne saurait être condamnée au titre de l'évasion.

B. Personnes ne pouvant pas être auteurs d'une évasion

La jurisprudence a eu l'occasion de se demander si le contraint judiciaire (antérieurement « par corps ») pouvait être, au titre de l'évasion, assimilé au condamné à une peine privative de liberté. La question est complexe. Certes, le contraint n'est pas visé à l'article 434-28 du code pénal. En outre, dès avant le nouveau code pénal, la jurisprudence retenait que celui qui se dérobait à une contrainte par corps ne pouvait être puni pour évasion, faute pour cette mesure d'être une peine (Cass. Crim. 10 nov. 1976, *Bull. Crim.*, n° 323, *D.* 1977, p. 36, note D. Mayer , *Rev. Sc. crim.* 1977, 87, obs. A. Vitu et p. 563 obs. Larguier, *JCP* 1977, II, 18548, note X).

Cependant cette analyse semble contredite par le droit européen qui énonce que la contrainte par corps est bien une peine (CEDH, 8 juin 1995, *Jamil c/France, Série A,* n° 317-B ; *Rev. Sc. crim.* 1996, 471, chron. R. Koering-Joulin).

Il serait certes paradoxal que cette solution, posée dans un esprit résolument favorable aux contraints, ne se retourne contre eux s'agissant de l'évasion. En ce sens, Monsieur Baud (*Evasion*, préc.) retient qu' « « «*Il faut souhaiter que cette situation claire ne soit pas remise en cause par suite perverse* » de la jurisprudence européenne. Il n'est cependant pas possible de suivre cette interprétation *in favorem.* C'est que les enjeux de la qualification en tant que « peine » de la contrainte judiciaire ne sont négatifs qu'au regard de l'évasion. Sur de nombreux autres points, ils sont au contraire positifs : application des règles du procès équitable, application possible des réductions de peine... Actuellement, les contraints ne peuvent bénéficier de cet aménagement de peine du fait de la lettre des articles D 115-5, 3° et D 1161, 3° du code de procédure pénale, rédigés sur la foi de la jurisprudence française. Or il nous semble que l'on ne peut vouloir une chose (l'obtention de réductions de peine), qui bénéficierait au plus grand nombre et en refuser le corollaire moins favorable, qui s'adresserait aux seuls évadés. Au vrai, cependant, le droit positif français relatif aux aménagements de peine et à la contrainte judiciaire s'avère fort peu cohérent. Si le juge judiciaire et le droit interne, écartent comme nous venons de le voir, le bénéfice des réductions de peine (Cass. crim., 24 sept. 1996, *Bathmann, Bull. crim.,* n° 328 et Cass. crim., 29 janv. 2003, *Bull. crim.,* n° 20 ; *D.* 2003, IR p. 807 ; *JCP* 2003, IV, 1597 ; *D.* 2004, chron. p. 1100, M. Herzog-Evans) comme de la suspension de peine (Cass. Com., 13 oct. 1981, *Bull. Civ.* IV, n° 334), faute de s'aligner sur la jurisprudence européenne qui y voit une peine (mais contra : Cass. com., 16 mai 2000, *Bull. civ.* IV, n° 104 ; D. 2000, p. 609, note Djoudi et Cass. com., 18 juin 2002, *Bull. civ.* IV, n° 107 ; *D.* 2002, IR p. 2170 ; *D.* 2004, chron. p. 1100, M. Herzog-Evans), le code de procédure pénale énonce inversement que le contraint peut obtenir des permissions de sortir (C. pr. pén., art. D. 570, al.2).

Il devrait en découler « logiquement » que s'il s'évade au cours d'une permission, il est auteur d'une évasion (par assimilation : C. pén., art. 434-29, 3°), tandis que s'il s'évade depuis l'établissement pénitentiaire, il ne l'est pas. Pourtant, la jurisprudence a précisément écarté l'évasion dans le cas d'un contraint permissionnaire (Cass. Crim. 10 nov. 1976, préc.) !

Fort heureusement, il s'avère plus aisé de déterminer qui peut être auteur d'un acte de connivence à évasion.

§. 2. L'auteur de la connivence à évasion

L'auteur de la connivence à évasion – infraction qui sera étudiée *infra* – est visé par deux textes : l'article 434-32 qui désigne les tiers non professionnels ; l'article 434-33 qui réserve des sanctions plus lourdes aux seuls professionnels.

A. Un tiers

Le premier est l'article 434-32 du code pénal qui désigne « *toute personne* » qui fournirait une aide pour aider le détenu « *à se soustraire à la garde à laquelle il était soumis* ». Cette formule particulièrement large permet d'englober tous types de situation. Il peut notamment s'agir aussi bien d'un codétenu, que d'une personne extérieure, par exemple un membre de la famille du détenu, qui lui fournirait une arme ou un explosif dans le cadre d'une visite au parloir.

Mais le code renvoie aussi à des personnes plus impliquées dans la détention elle-même.

B. Un professionnel

Le second cas de connivence envisagé par le code pénal figure à l'article 434-33 du code pénal, lequel désigne d'abord à l'alinéa 1er « *toute personne chargée de la surveillance* ». Cette fois sont en cause exclusivement des personnels ayant le statut de surveillant, qu'ils soient surveillants de base ou gradés. Outre que, comme nous le verrons, l'article 434-33 prévoit des sanctions plus lourdes pour les professionnels que pour les tiers, il était sans doute nécessaire de souligner en l'isolant dans un alinéa propre, la particulière gravité de la connivence à évasion provenant de ceux-là même dont le métier est la garde des détenus. Sont également exclus de cette première catégorie, les autres professionnels entrant en détention, mais n'ayant pas la qualité de surveillants : directeurs et sous directeurs de prison, enseignants, formateurs, médecins et infirmiers, moniteurs de sport, travailleurs sociaux… Dans la mesure où ils sont en revanche visés par l'alinéa 2, cette exclusion est sans conséquence sur la peine qu'ils encourraient.

C'est d'ailleurs dans un alinéa distinct, l'alinéa 2 – et quoi que les sanctions encourues soient identiques – qu'est visée une autre catégorie de personnes : toutes celles qui sont habilitées, par leurs fonctions « *à pénétrer dans un établissement pénitentiaire ou à approcher, à quelque titre que ce soit, des détenus* ».

Seules sont donc désignées par ce second alinéa, des personnes qui entrent en détention du fait de leurs fonctions ; Sont donc exclus les membres de la famille du détenu qui sont, quant à elles éventuellement sujettes à la qualification de l'article 434-32. Elle n'encourrait en conséquence qu'une peine de trois à sept ans, selon les modalités de la connivence, et non de dix ans, comme dans le cas de professionnels.

Entrent en revanche bien dans cette dernière catégorie les membres du personnel de direction, les enseignants, les formateurs, les contremaîtres de sociétés concessionnaires, les artistes réalisant des spectacles, les aumôniers… Tel est sans doute aussi le cas de l'étudiant et du chercheur qui seraient autorisés à entrer en détention afin d'y effectuer des recherches. Tel serait aussi le cas de l'étudiant qui viendrait dispenser des cours dans le cadre de l'association GENEPI. Ce pourrait encore être l'officier d'état civil venu célébrer un mariage, l'avocat rendant visite à son client au parloir avocat ou assister à une audience, le notaire, venu enregistrer un acte authentique, le policier souhaitant interroger un prévenu, le médecin intervenant dans le cadre des soins ambulatoires ou d'une urgence. Ce pourrait même être le magistrat, l'auditeur de justice, le greffier...

La même qualification s'appliquerait à un journaliste venu y faire une enquête ou même à un député ou sénateur dont le titre l'autorise à visiter les établissements pénitentiaires (C. pr. pén., art. 719), à supposer, naturellement, qu'il se rende coupable des éléments matériels de l'infraction de connivence à l'évasion.

Section 3. L'acte

Le code pénal définit dans un premier temps l'évasion par nature à l'article 434-27 (§-1), puis lui assimile une série de situations intéressant des personnes détenues ou condamnées à l'article 434-29 (§-2), et enfin réprime la connivence à évasion aux articles 434-32 et 434-33 (§-3).

§. 1. L'évasion par nature

L'évasion par nature est celle qui voit une personne détenue au sens de l'article 434-28 étudié *supra*, se soustraire à la garde à laquelle elle était soumise (A). Depuis la loi Perben 2, la répression s'est fortement aggravée ; le droit à la liberté qui existait naguère ayant été supprimé. Seul demeure le droit de ne pas se soumettre à une détention illégale (B).

A. La soustraction à la garde

Avant la loi Perben 2 le droit positif retenait un véritable droit à l'évasion pourvu que celle-ci ne se soit pas accompagnée de violence, d'effraction ou de corruption (1). Aujourd'hui il n'existe plus un tel droit et ces anciens éléments constitutifs sont désormais des circonstances aggravantes (2).

1. La disparition du droit à l'évasion

Idéalement, le droit positif suit l'état des mœurs à un moment donné dans une société. Celui-ci est notamment constitué des perceptions, des attentes, des comportements de ses membres. Or comme nous l'avons vu, nos contemporains demeurent poétiquement attachés à l'idée de liberté et, sous réserve des délinquants les plus dangereux ou de réalisation violente de l'acte, ils peuvent concevoir tantôt de l'empathie, tantôt même de l'admiration pour l'évadé.

Le droit positif antérieur à la loi du 9 mars 2004 était parfaitement en phase avec ces subtilités. Il ne réprimait en effet pas le simple fait pour un détenu de se soustraire à la garde à laquelle il était soumis. Il fallait encore, pour constituer l'évasion, que l'intéressé réalisât son geste soit par violence, soit par bris de prison, soit encore par corruption. Il était en quelque sorte admis qu'existait un droit naturel à recouvrer la liberté (v. sur ce point, Thomas, préc., spe. n° 45 à 47 et A.M. Larguier, « Immunités et impunités découlant pour l'auteur d'une infraction antérieurement commise par celui-ci », *JCP* 1961, I, 1601 bis, n° 22), en dehors de comportements qui, précisément, auraient spontanément fait passer le public de l'empathie à la crainte ou au rejet. C'est ainsi que la jurisprudence écartait toute sanction en dehors de violences ou bris de prison. Il en allait notamment ainsi dans le cas de fuites de détenus profitant de la négligence des personnels ou faisant preuve de ruse (Cass. Crim., 9 déc. 1947, *Bull. Crim.*, n° 242). Il en allait encore ainsi dans une affaire plus récente (Cass. Crim., 5 mai 1998, *Bull. Crim.*, n° 151, *Dr. pénal* 1998, 110, obs. Véron ; *JCP* 1999, I, 112, n° 5, obs. Véron ; *Rev. Sc. crim.*, 1999, 107-B, obs.

Delmas Saint Hilaire) où un détenu était sorti du fourgon cellulaire en profitant de l'inattention du policier. Il était parvenu à s'enfuir en passant par la grille d'enceinte du tribunal, laquelle était ouverte. Il n'avait commis ni effraction, ni acte de violence ou de corruption. L'infraction d'évasion n'était donc pas constituée.

La Cour de cassation se montrait par ailleurs exigeante envers les juges du fond, en leur imposant de préciser exactement quels étaient les faits qui constituaient la violence, l'effraction ou la corruption (Cass. Crim., 21 dec. 1894, *Bull. Crim.*, n° 328 ; Cass. Crim., 6 mai 1899, *Bull. Crim.*, n° 117 ; Cass. Crim., 4 dec. 1947, *Bull. Crim.*, n° 241, *Rev. Sc. crim.*, 1948, n° 108).

La loi Perben 2 allait mettre un terme à la tolérance vis-à-vis de l'évasion simple. En réaction à une évasion par ruse particulièrement médiatisée ayant consisté en l'envoi par fax d'une fausse ordonnance de mise en liberté à l'établissement pénitentiaire, il fut décidé de supprimer purement et simplement les notions d'effraction, de violence ou de corruption de la définition de l'évasion par nature. Seul le fait de « *se soustraire à la garde à laquelle (le détenu) est soumis* » constituerait désormais le délit.

Une telle solution ne s'imposait pourtant pas nécessairement. Outre qu'elle n'est pas en phase avec l'état des mœurs, elle revient à étendre le champ de l'acharnement punitif qui vient frapper l'évadé : comme il sera vu *infra*, les peines prononcées pour ce fait viennent en cumul de celles qu'il subissait déjà (C. pén., art. 434-31). Or l'évadé « simple » n'échappait pas à toute répression. Il était déjà l'objet de sanctions disciplinaires pénitentiaires (l'évasion étant visée à l'article D 249-1-6°) et encourait notamment jusqu'à quarante-cinq jours de cellule disciplinaire, voire de sanctions quasi disciplinaires (notamment isolement administratif et/ou transfèrement imposé). Il faisait généralement l'objet de sanctions d'application des peines (retrait de crédits de réduction de peine, rejet, du moins pour un temps, de toute demande d'aménagement de peine…). Quant au tiers, il pouvait par exemple être sanctionné au titre du faux en écriture publique. (C. pén., art. 441-4).

Les rédacteurs de la loi Perben 2 ne se sont pourtant pas arrêtés là. Ils ont ajouté un nouvel alinéa à l'article 434-27 code pénal, qui fait des anciens éléments constitutifs de l'évasion des causes d'aggravation.

2. L'existence de causes d'aggravation

L'ancien code pénal retenait l'évasion dès lors qu'il y avait eu violence ou bris de prison. Le nouveau code pénal devait viser trois circonstances possibles : la violence, l'effraction ou la corruption. Mais depuis la loi Perben 2, la peine est aggravée dès lors que l'évasion a été commise « *avec violence, effraction ou corruption lors même que celles-ci auraient été commises, de concert avec le détenu, par un tiers* ».

La jurisprudence antérieure à la loi Perben 2 avait permis d'éclairer ce qu'il fallait entendre par là. Les solutions dégagées demeurent utiles, non plus au titre de la définition de l'évasion, mais de ce qui constitue désormais des circonstances aggravantes. Elles ne sont peut-être cependant plus à suivre à la lettre dès lors que, parfois éloignées de l'exigence d'interprétation stricte, elles avaient surtout pour but de sanctionner malgré le « droit naturel » à l'évasion.

a) La violence

C'est indéniablement de manière large que la jurisprudence a pu entendre la notion de violence en un temps où la qualifier était indispensable à la répression de l'évasion.

Cela ne paraît cependant pas avoir ému les auteurs spécialistes de la question. Ainsi Thomas (préc., n° 36) fait-il état de « *la généralité du terme utilisé par l'article 434-27* ». Nous ne partageons pas cette analyse. L'article 434-37 se réfère certes au terme apparemment vague de «violence ». Cependant celui-ci a bien un sens juridique, pénal. La violence, dans le champ pénal est celle qui entre dans l'une des qualifications prévues par le code pénal, qu'elle soit criminelle, correctionnelle ou contraventionnelle. En droit strict, sont donc ainsi à exclure des menaces, contrairement à ce que soutient cet auteur. De son côté, Baud (préc., n° 34) retient que la menace ne pourrait constituer la violence au sens de l'évasion que si elle était accompagnée de faits matériels non pas de violence, mais à tout le moins susceptible d'y donner crédit et donc de provoquer de la peur.

Certes, M. Thomas fait état dans le sens de l'interprétation large, d'un ancien arrêt (Cass. Crim., 4 nov. *1948, Bull. Crim.*, n ° 252, D. 1949, 3, *JCP* 1949, II, 4751, note Albert Colombini). Son application se heurte de nos jours à un obstacle textuel. Lorsque l'ancien code pénal visait la violence dans le cadre de l'évasion, cette notion était en effet vague et générale, par opposition à celle de coups et blessures, laquelle était par ailleurs retenue en droit commun. Aujourd'hui que cette dernière série de qualifications a été remplacée précisément par celle de violence, il y a identité de terminologie.

Par ailleurs, l'interprétation large ne se justifie plus en opportunité dès lors que, depuis la loi Perben 2, la sanction de l'auteur d'une évasion sans violence est possible.

La cour de cassation s'était prononcée encore récemment, il est vrai à propos de faits antérieurs à la loi Perben 2. La nécessité répressive l'avait conduite une fois de plus à recourir à une coupable analogie (Cass. Crim., 1er fév. 2006, pourvoi n° 05-86900, inédit). Le 14 avril 2003, le complice d'un détenu avait détourné un hélicoptère en menaçant son pilote avec une arme. Il l'avait contraint à survoler la maison d'arrêt de Luynes. Trois détenus avaient pu s'évader de la sorte. Pour la Cour de cassation, constituait un acte de violence la menace exercée sur le pilote avec une arme. Elle confortait le raisonnement de la Cour d'appel selon laquelle « *l'expression « violence » doit s'entendre non seulement des voies de fait exercées sur la personne, mais encore de celles qui, sans l'atteindre matériellement, sont de nature a agir sur elle en l'impressionnant vivement* » et tel était « *le cas des pressions et ordres donnés sous la menace d'une arme* ». Au demeurant, la menace d'une arme relève aujourd'hui de l'article 434-30 du code pénal, forme aggravée de l'évasion simple.

L'affaire jugée en 2003 a permis encore de confirmer que toute personne, et non pas seulement celles chargées de la garde des détenus ou les personnels œuvrant dans les établissements pénitentiaires, pouvait être victime des violences constitutives de l'infraction d'évasion. Cette solution était plus conforme à la lettre de l'article 434-27, texte qui n'établissait aucune distinction à cet égard.

Une troisième difficulté était encore résolue dans cette espèce où l'auteur des violences n'était pas l'évadé. L'article 434-27 visait la soustraction à la garde « par violence ». Cependant ce texte énonce qu'il s'applique « *lors même que celles-ci auraient été commises de concert avec lui, par un tiers* ». Aussi les juges ont-ils pu retenir l'évasion du fait d'un acte de violence (sic) réalisé par le complice à l'encontre du pilote d'hélicoptère. C'est qu'il y avait nécessairement eu un concert frauduleux entre le détenu et le complice afin d'organiser une telle opération, laquelle laissait « *peu de place à l'improvisation* ».

La jurisprudence s'avère plus stricte s'agissant de définir l'effraction.

b) L'effraction

L'ancien code pénal visait le bris de prison. Le nouveau a remplacé cette formule imagée par celle d'effraction. Il ne semble pas qu'il ait été dans l'intention du législateur d'élargir le champ d'application de la répression en modifiant la terminologie, même si objectivement bris de prison et effraction ne sont pas totalement assimilables.

Alors que la notion de bis de prison renvoie à la destruction d'un établissement ou d'une partie de celui-ci, l'effraction est une notion plus compréhensive. En outre, la notion de bris de prison n'avait pas reçu de définition dans l'ancien code pénal. Au contraire, le nouveau définit l'effraction à l'article 132-73 : elle « *consiste dans le forcement, la dégradation ou la destruction de tout dispositif de fermeture ou de toute espèce de clôture. Est assimilé à l'effraction l'usage de fausses clefs, de clefs indûment obtenues ou de tout instrument pouvant être frauduleusement employé pour actionner un dispositif de fermeture sans le forcer ni le dégrader.* »

Le changement est sans conséquence lorsqu'il s'agit de détruire une partie ou un démembrement de l'établissement pénitentiaire. Il en allait ainsi dans un arrêt de la cour d'appel de Limoges (11 février 1998, *BICC* 1998, 852) qui avait retenu logiquement que le fait d'endommager des barbelés en haut des murs d'enceinte auxquels les détenus s'étaient accrochés constituait bien l'effraction nécessaire à la qualification du délit d'évasion. Il en allait de même dans un arrêt rendu par la Cour d'appel de Toulouse (7 août 2002, *D.* 2002, IR, 2656), qui avait écarté l'effraction, le détenu ayant simplement déplacé des barbelés sans les endommager. Si l'évasion devait finalement être retenue c'est sur le fondement de la violence, l'intéressé ayant bousculé le gendarme chargé de l'escorte.

Le changement de terminologie a cependant parfois indubitablement pour effet d'englober plus de faits que la notion antérieure de bris de prison, comme le révèlent quelques illustrations jurisprudentielles.

Dans le cadre de la notion de bris de prison, la jurisprudence avait refusé de prendre en compte de simples destructions mobilières. Cette notion supposait en effet la destruction de la prison ou d'une partie de celle-ci, soit une destruction immobilière (Douai, 18 janvier 1897, *DP* 1898, 2, 180, à propos d'un détenu n'ayant brisé que la chaîne et le cadenas qui le retenaient). Il est vrai qu'une autre cour d'appel avait inversement retenu l'évasion en présence d'une simple destruction de la serrure de la cellule (Bordeaux, 16 janv. 1986, cité par Thomas, n° 40). Mais la porte de la cellule peut sans doute être tenue pour être rattachée à l'immeuble lui-même, au contraire d'une chaîne ou d'un cadenas. Quoi qu'il en soit, cette jurisprudence paraît être caduque dès lors que l'effraction comprend « *tout dispositif de fermeture ou… toute espèce de clôture* ».

Paraît en revanche encore pertinente celle qui refusait de retenir l'évasion lorsque la destruction n'était pas volontaire (Poitiers, 18 mars 1887, *DP* 1887, 2, 162 : à propos d'un détenu qui avait brisé des tuiles en s'échappant, sans le faire exprès), même si, plus récemment – il est vrai, nous le verrons *infra* en section 4, qu'il s'agit d'autres enjeux – il a été, relativement à l'élément moral, fait preuve de plus d'exigences.

Si aujourd'hui comme hier, il n'y a pas d'effraction dans le seul fait pour un détenu d'avoir escaladé les murs de la prison (Cass. Crim., 28 janv. 1904, *S* 1906, 1, p. 371 et note, *DP* 1904, 1, p. 477), ni dans celui d'avoir simplement sauté par la fenêtre du local de garde à vue (Douai 13 mai 1994, cité par Thomas, n° 41), de tels faits seraient aujourd'hui réprimés au titre de l'évasion simple.

Cette infraction serait désormais aggravée en présence de faits de corruption.

c) La corruption

La corruption avait été ajoutée au code pénal à l'occasion de sa refonte en 1992. Dans l'ancien code, elle ne figurait nullement et ne pouvait être un élément constitutif de l'évasion (Cass. Crim., 23 avril 1898, *Bull. Crim.*, n° 168 ; Cass. Crim., 8 janv. 1904, *Bull. Crim.,* n° 8, *D* 1905, 1, p. 440). Dans ces espèces, la corruption soulevée ne correspondait pas à la qualification pénale de l'article 433-1 du code pénal (anc. C. pén., art. 179). Il s'agissait simplement pour un détenu d'avoir profité d'un tunnel creusé par d'autres. Ce type de fait n'est pas si exceptionnel, même s'il ne donne pas nécessairement lieu à des décisions. Il est arrivé durant la série d'évasions qui se sont produites en 1992 par hélicoptère, qu'un détenu, présent dans la cour de promenade s'accroche au filin déroulé depuis l'appareil. Il ne serait pas plus punissable aujourd'hui s'il se bornait ainsi à profiter de l'occasion.

D'ailleurs, pour certains auteurs (not. Baud, *op.cit.,* n° 41), le terme de corruption doit être pris dans son sens juridique, et non commun, tel que défini strictement à l'article 433-1 du code pénal. Il suppose notamment un don, une offre, un présent ou un avantage, proposé à une personne. Nous ne pouvons que concourir à une telle analyse à la fois plus conforme au principe d'interprétation stricte, à la terminologie précise utilisée à l'article 434-27 et à l'analyse que nous avons retenue *supra* à propos de la violence.

D'une telle interprétation devrait également découler que seule vaudrait au titre de la corruption la proposition faite à une personne « *dépositaire de l'autorité publique* », ou *« chargée d'une mission de service public »* ou encore « *investie d'un mandat électif public* ». Il en irait ainsi pour un surveillant, un membre du personnel de direction, un intervenant enseignant ou concessionnaire, un médecin ou même un élu venu contrôler les conditions de détention. Il ne saurait en revanche s'agir d'un membre de la famille d'un détenu ou d'un codétenu.

Pour la même raison, monsieur Baud estime que doit encore être écarté le visiteur de prison au motif qu'il ne serait pas chargé d'une mission de service public. Une discussion pourrait assurément s'ouvrir sur ce chapitre, dès lors que les visiteurs doivent être agréés et participent à la mission de resocialisation – ou à tout le moins de lutte contre la désocialisation – de l'institution pénitentiaire elle-même.

Puisque aujourd'hui, la corruption n'est plus un élément constitutif possible de l'évasion, mais une éventuelle cause d'aggravation, son défaut ne préjugerait pas de la poursuite de ce chef, notamment en la forme simple. Il s'ensuivrait que pourrait notamment être reproché un fait de connivence à évasion, chez le visiteur de prison ou le proche d'un détenu, l'évasion étant elle-même effectivement constituée.

Il ne semble pas que les réformes de 1992 et 2004 aient modifié en revanche quoi que ce soit à l'exigence de légalité de la détention.

B. La légalité de la détention

La jurisprudence avait naguère retenu que seul celui qui était soumis à une détention régulière pouvait se voir reprocher de s'y être soustrait (Cass. Crim., 7 août 1845, *Bull. Crim.*, n° 253, *DP* 1846, 4, p. 133 ; Trib. Correc. St Nazaire, 12 sept. 1946, *Gaz. Pal.* 1947, 2, p. 239).

Cette jurisprudence ne paraît pas avoir été contredite par les réformes récentes. Elle permet sans doute d'estimer non constitutif de l'évasion le fait de se dérober à une détention provisoire qui se poursuivrait malgré l'absence de renouvellement.

De la même manière serait non punissable celui qui aurait dû être libéré par suite d'une grâce présidentielle non imputée par l'administration pénitentiaire, du fait d'une erreur d'interprétation du décret, ou celui qui aurait été victime d'une erreur préjudiciable de computation des crédits de réduction de peine.

Il va sans dire que si la poursuite pour évasion est alors vouée à l'échec, les éventuels faits de corruption, de violence, d'effraction seraient punissables en tant que tels.

Il ne faudrait par ailleurs pas confondre, comme le souligne à juste titre M. Thomas (préc. n° 25), l'illégalité de la détention et son illégitimité. Ne serait ainsi pas justifiée la soustraction à la garde commise par une personne dont il serait ultérieurement établi qu'elle était innocente, dès lors que le titre de détention, lui, était régulier.

C'est bien la légalité du titre de détention qui est ici déterminante. Il ne faut donc pas non plus assimiler à son illégalité juridique son irrégularité historique ou morale. Les évadés de l'IRA, les prisonniers de guerre, sont bien coupables d'évasion, quand bien même ils peuvent, aux yeux de l'histoire, être tenus pour des héros. Il appartient alors au législateur, au moyen d'une loi d'amnistie d'en prendre ultérieurement acte.

La loi peut par ailleurs tenir pour évadée une personne qui n'était pas matériellement détenue.

§. 2. L'évasion par assimilation

Le code pénal assimile (A) à l'évasion par nature trois séries de faits visés à l'article 434-29 (B).

A. Cadre général

Les circonstances dans lesquelles il y avait assimilation avaient été ajoutées par des réformes successives dans l'ancien code pénal, à l'article 245 ancien. Dans tous ces cas, il y avait assimilation au regard des peines encourues et de la qualification donnée aux faits.

Par contre, il était retenu qu'il n'était pas nécessaire qu'il y ait bris de prison ou violence. (Cass. Crim., 4 mai 1965, *D.* 1965, somm. p. 111, *Gaz. Pal.*, 1965, 2, p. 105, *Bull. Crim.*, n° 126 ; Cass. Crim., 18 fev. 1976, *Bull. Crim.*, n° 64 ; Cass. Crim., 22 juin 1994, *Bull. Crim.*, n° 251, *D.* 1994, IR, p. 209, *JCP* 1994, IV, 2198, *Rev. Sc. crim.*, 1995, p. 105, obs. Delmas Saint Hilaire, *Dr. Pén.* 1994, comm. 257, obs. Véron, *Gaz. Pal.*, 1994 2, somm. p. 690, obs. J.P. Doucet). Ceci demeure a fortiori valable dès lors qu'il n'est plus nécessaire, pour constituer l'évasion, qu'il y ait violence, effraction ou corruption.

L'évadé par assimilation encourt les mêmes peines qu'en cas d'évasion simple par nature. De plus, s'il a en outre commis l'un des faits tenant à la violence, à l'effraction ou à la corruption, il risque aussi de voir prononcées les peines aggravées prévues à l'article 434-27 à l'alinéa 2.

Des questions ont pu être soulevées relativement à la nature de l'évasion par assimilation. Est-elle, comme l'évasion par nature, un délit instantané ? Il a pu être soulevé que cette infraction, distincte de l'évasion par nature, justement, était un délit continu qui se poursuivait tant que l'intéressé ne rentrait pas de permission, de semi-liberté, de placement à l'extérieur, etc. Cependant, la Cour de cassation avait écarté ce raisonnement : il s'agissait bien d'un délit instantané, lequel était consommé dès que la personne n'avait pas réintégré l'établissement pénitentiaire au moment où elle le devait (Cass. Crim., 4 mai 2000, pourvoi n° 99-86563, *Bull. Crim.*, n° 178). L'enjeu dans cette affaire était le sort du « complice » : dès lors que le délit était instantané, il devait avoir nécessairement agi concomitamment à l'évasion et non plus tard. Ne pouvait de ce fait être condamné celui qui avait participé ultérieurement pour l'aider dans sa fuite, dès lors, du moins, qu'il n'y avait pas eu d'accord antérieur entre le condamné et le prétendu complice.

En tout état de cause, il n'y a assimilation que dans les cas spécialement énumérés par la loi.

B. Domaine de l'assimilation

L'article 434-29 du code pénal retient quatre séries d'assimilation. La première est d'une autre nature : elle concerne le détenu hospitalisé (1). Les trois dernières permettent de condamner pour évasion celui qui bénéficie d'un aménagement de peine. L'assimilation n'est qu'à peine forcée lorsque l'intéressé se trouve écroué (2) ; elle est plus osée lorsqu'il s'agit d'une mesure exclusive d'un écrou (3).

1. Assimilation de l'hôpital à la prison

L'article 434-29 assimile aussi au détenu en son paragraphe 1°, le malade « *détenu placé dans un établissement sanitaire ou hospitalier* », qui se soustrairait « *à la surveillance à laquelle il est soumis* ».

Il s'agit là de la codification, qu'avait déjà réalisée l'ancien code pénal à l'occasion d'une ordonnance du 27 octobre 1945 (mod. art. 244 ACP), d'une jurisprudence ancienne (Grenoble, 10 juill. 1890, 1891, 2, 16 ; *D.* 1891, 2, 341).

Plus tard, la jurisprudence devait préciser qu'était bien détenu celui qui était affecté directement à l'hôpital après son mandat de dépôt, sans avoir d'abord été écroué (Cass. Crim., 14 mars 1972, *Bull. Crim.*, n° 97 ; *Gaz. Pal.* 1972, 2, Somm. 79 ; *Rev. Sc. crim.*, 1972, 866, obs. Vitu).

De nos jours, l'assimilation de l'hôpital à la prison est sans aucun doute renforcée par les mesures de sécurité particulières qui sont prises envers les détenus qui y séjournent et notamment la création des unités hospitalières interrégionales entrées en vigueur en 2007.

Comme il a été dit, aucun acte de violence, d'effraction ou de corruption n'était nécessaire en matière d'évasion par assimilation. Ceci avait été jugé, à propos d'un détenu hospitalisé, qui avait simplement profité de ce que les policiers chargés de sa surveillance s'étaient assoupis, pour retourner tranquillement chez lui après avoir suivi les panneaux de sortie (Cass. Crim., 14 avril 1999, *Gaz. Pal.*, 1999, 2, chron. Crim. 111).

Il en allait de même dans une affaire plus récente (Cass. Crim., 3 mars 2004, pourvoi n° 03-82843, inédit) et peu importait ici que la poursuite se fût exercée par erreur non sur le fondement de l'article 434-29, mais sur celui de l'article 434-27. Il n'y avait point d'effraction requise non plus pour ce patient détenu qui s'était simplement enfuit par le vasistas de la chambre (Limoges, 5 mai 2000, *BICC*, 2000, n° 1249).

Plus complexe est le cas du condamné bénéficiant d'un aménagement de peine.

2. *Assimilation de l'aménagement de peine sous écrou à la détention*

L'article 434-29 renvoie à des aménagements de peine sous écrou dans ses paragraphes 2°, 3° et 4°.

Le paragraphe 2° vise le placement à l'extérieur, le placement sous surveillante électronique statique, la semi-liberté et la permission de sortir ; le paragraphe 3° vise le placement à l'extérieur, la semi-liberté et la permission de sortir ; enfin le paragraphe 4° vise uniquement le placement sous surveillance électronique statique.

S'il y a répétition à propos des mêmes mesures, dans ces trois paragraphes, c'est que les actes en cause sont de nature distincte. Trois séries d'actes sont visés.

a) Soustraction au contrôle

Un premier type d'acte est prévu au paragraphe 2° de l'article 434-29 du code pénal. Il tient au fait de « *se soustraire au contrôle auquel* » un détenu est soumis alors qu'il est placé dans le cadre de l'un des quatre aménagements de peine que nous avons évoqués *supra*.

Il doit être d'abord distingué du deuxième type d'acte, qui sera étudié en b), soit le fait de ne pas réintégrer l'établissement à l'issue de la mesure, précisément parce que ce fait a été prévu de manière distincte par le législateur au paragraphe 3° de l'article 434-29.

Mais que recouvre exactement la notion de soustraction au contrôle ? Pour l'éclairer, il convient d'abord de s'interroger sur la nature du contrôle dont il s'agit. Il ne saurait, comme le retient un auteur (Thomas, préc., n° 53), d'un contrôle quelconque, exercé de manière effective par des individus, puisque cela ne renverrait *stricto sensu* qu'à l'hypothèse du placement sous surveillance, dans le cadre duquel le détenu est sous surveillance continue de personnels pénitentiaires (v. C. pr. pén., art. D 130, al. 1), voire, à la rigueur, à la surveillance électronique statique qui permet à l'agent PSE de vérifier en continu si le placé demeure chez lui aux heures d'assignation.

De manière un peu plus précise, M. Baud estime que la notion de contrôle renvoie nécessairement à des obligations fixées par la décision en cause. Cette analyse est toutefois incomplète. Il convient en effet de distinguer entre, d'une part, les « mesures de contrôle », visées à l'article 132-44 du code pénal, que la juridiction de l'exécution des peines ou la juridiction répressive n'a pas à viser expressément pour qu'elles s'imposent au condamné et, d'autre part, les obligations particulières, choisies spécialement par celles-ci, dans la liste fournie par l'article 132-45 du même code. Ces dernières doivent effectivement être visées dans la décision pour s'imposer. Toutefois elles ne constituent pas *stricto sensu* des mesures de contrôle (v. M. Herzog-Evans, *Droit de l'exécution des peines*, Dalloz, coll. Action, 2007, spe. Titre 17). Les mesures de contrôle consistent effectivement à soumettre l'intéressé à des convocations (du travailleur social, du Jap), à des visites, à fournir des preuves documentaires, etc. Au contraire, les obligations particulières ont pour objet la resocialisation du condamné et la réduction du risque qu'il présente. Elles consistent par exemple à indemniser victime, à travailler, à se former, à se faire soigner, etc. Au demeurant les mesures de contrôle ont notamment pour but de s'assurer de l'exécution des obligations particulières.

Stricto sensu, donc, seule la violation des mesures de contrôle proprement dites nous paraît devoir constituer l'évasion. Au demeurant, la violation des obligations particulières fait l'objet de sanctions spécifiques, d'application des peines (v. *Droit de l'exécution des peines*, chap. 191 et 192) – qui, il est vrai, s'appliquent aussi à la violation des mesures de contrôle – comme le retrait ou la révocation de la mesure. Ne font-elles précisément pas double emploi avec le prononcé de peines pour évasion ?

Certes oui. C'est d'ailleurs ce qui explique la sous utilisation de l'article 434-29 du code pénal, en matière d'aménagement de peine. Lorsqu'un condamné était engagé dans l'exécution d'une telle mesure, c'est spontanément aux sanctions de cette nature que l'on songe en cas de violation. Ce cas particulier d'assimilation pourrait donc sans dommage disparaître sans que cela n'occasionne de difficulté. Il n'en va pas nécessairement de même pour la non-réintégration.

c) Non-réintégration de l'établissement

La non-réintégration de l'établissement pénitentiaire au jour et à l'heure prévue par la décision conserve toute son utilité. L'assimilation à l'évasion paraît ici moins surfaite, puisque le condamné qui se dérobe à la décision aurait dû se trouver dans un établissement pénitentiaire.

Précisément, l'article 434-29, 3° vise le fait de « *ne pas réintégrer l'établissement pénitentiaire à l'issue* » de la mesure en cause. La compréhension de ce que recouvre cette hypothèse ne soulève pas particulièrement de difficulté. L'alternance de vie au dehors et de retours en prison est régulière dans le cas de la semi-liberté et du placement à l'extérieur ; elle est ponctuelle, mais peut se répéter, dans le cas de la permission de sortir. Dans le placement à l'extérieur et la semi-liberté, l'intéressé doit retourner à l'établissement, selon les cas, chaque soir à une heure déterminée, ou en fin de semaine, à moins qu'il bénéficie de permissions de sortir. Dans le cadre de la permission de sortir de droit commun, il doit réintégrer la prison, après accomplissement de celle-ci, au jour ainsi qu'à l'heure indiqués dans la décision.

Stricto sensu, un retard d'une minute constitue l'évasion. Dans la pratique, néanmoins, l'administration pénitentiaire ne signale pas au parquet chaque retard. Ceux-ci sont donc tolérés jusqu'à un certain point.

Une circulaire AP du 10 mai 1988 (n° 88-06) invite très directement à laisser une chance à l'intéressé, s'agissant des permissions de sortir. Certes, cette tolérance se fait « *sans préjudice des poursuites judiciaires* ». Reste qu'elle invite les autorités judiciaires elles-mêmes à une certaine tolérance en énonçant qu'il « *appartient au procureur de la République et au juge de l'application des peines d'apprécier en fonction des données propres à chaque affaire et notamment en cas de simple retard du détenu, les suites à réserver au plan judiciaire…* » Plus précisément elle retient un premier niveau de tolérance, allant jusqu'à six heures après le non-retour durant lequel l'information n'est pas diffusée et en cas de retour dans ces limites, c'est en interne, sur le plan disciplinaire (C. pr. pén., art. D. 249-1-6°), que les faits seront traités. Au-delà de six heures, en revanche, il y a lieu à la rédaction d'un compte-rendu téléphonique à diverses autorités : parquet ; SRPJ ; groupements de gendarmerie concernés ; administration centrale de l'AP. À ce stade, le parquet pourrait réagir et l'administration pénitentiaire ne pourrait s'y opposer.

A partir de 48 heures, celle-ci doit informer la totalité des autorités : préfet, procureur de la République du ressort de l'établissement, procureur de la République du lieu où a été prononcée la condamnation, Jap, SRPJ, Gendarmerie, direction régionale de l'AP, service des études de la DAP.

La circulaire de 1988 ajoute que la non-réintégration n'est mentionnée sur la fiche pénale qu'à l'issue de ce délai de quarante-huit heures. En revanche, elle précise que le jour et l'heure du retour doivent être mentionnés sur cette fiche.

En conséquence, les situations où l'autorité judiciaire est informée de ce qui, pour le droit pénitentiaire, ne constitue qu'un retard, suppose que l'intéressé ait été surpris ou arrêté lors de la commission d'une infraction, d'un trouble à l'ordre public ou simplement d'un contrôle routier. Dans de tels cas, la jurisprudence est naturellement impitoyable : le retard est constitutif d'une évasion (Cass. Crim., 22 juin 1994, *Bull. Crim.*, n° 251, *Rev. Sc. Crim. 1995*, 105, Obs. Delmas Saint Hilaire) et peu importe, comme nous le verrons *infra*, qu'il n'y ait pas d'intention infractionnelle. Il est vrai que dans l'espèce en cause, l'intéressé, qui expliquait avoir raté son tain de retour de permission, aurait en réalité pu encore en prendre un autre, non pas direct, mais avec correspondance. Il devait en outre être relevé qu'il n'avait pas appelé le centre de détention et qu'au lieu de tenter un retour le jour même, il s'était rendu chez un tiers et avait alors été impliqué dans une bagarre. La mauvaise foi, assurément, joue un rôle dans la qualification.

La durée du retard joue sans doute également. Le débat se plaçant sur le terrain de l'intention, il avait été ainsi relevé dans une autre affaire (Cass. Crim., 23 mai 2001, pourvoi n° 00-86858, inédit) que « *le prévenu qui a attendu plus de 4 mois pour réintégrer le centre de détention ne saurait prétendre avoir agi sur un coup de tête* ».

Une question mérite d'être posée, concernant cette fois le bracelet électronique. Peut-on sanctionner au titre du non-retour le fait pour l'intéressé de ne pas revenir à son domicile ou au lieu d'assignation ? Certes, le paragraphe 3° de l'article 434-29 ne vise pas le placement sous surveillance électronique statique. En effet ce non-retour n'est pas énoncé au point 3°. L'intéressé, d'ailleurs, ne se rend pas/plus matériellement en détention, même s'il est bien sous écrou. Le non-retour peut-il être tenu pour constituer une insoumission aux mesures de contrôle au sens du paragraphe 2°, lequel vise bien cette mesure ? Il ne nous semble pas. En effet, nous avons estimé qu'il convenait de distinguer non-retour et insoumission au contrôle, sous peine de rendre inutile le paragraphe propre au non-retour.

Peut-on pour autant estimer que ce non-retour au domicile, aux heures fixées par le Jap, constitue une évasion au titre du point 2°, qui évoque, rappelons-le, les mesures de contrôle ? Il ne nous semble pas. Il ne convient tout d'abord pas d'assimiler non-retour et insoumission aux mesures de contrôle, sauf à faire précisément perdre à la mention du non-retour tout intérêt. Certes il pourrait être argué que, dans la surveillance électronique, le contrôle consiste en un dispositif permettant de vérifier la présence de l'intéressé à son domicile aux heures assignées par le jugement. Cependant, il existe au paragraphe 4° une hypothèse d'assimilation, en cas de destruction ou d'atteinte à ce dispositif. Par ailleurs, des sanctions spécifiques, d'application de la peine (not. retrait du PSE, et en conséquence retour en prison), existent déjà en cas de violation des horaires d'assignation, qui paraissent suffisantes sur un plan pénologique.

Au demeurant, une circulaire AP du 23 décembre 2005 (Circ. AP. relative au placement sous surveillance *électronique du 23 décembre 2005, NOR : JUSK0540103C), B.O.M.J.*, n° 100) retient, comme en matière de permissions de sortir, un seuil de tolérance. Il est toutefois d'une heure seulement. Il a pour fonction de départager les alarmes de violation simple des alarmes de présomption d'évasion. La circulaire retient qu'il y a présomption d'évasion lorsque le placé n'est pas de retour au bout d'une heure après le moment où il devait se trouver au lieu d'assignation (art. 4.1.3.1.3.). En pareil cas, l'établissement de pose est averti et doit informer le parquet, sauf si lui parvient l'information selon laquelle le placé a signalé une urgence ou qui vient démentir l'évasion. La distinction que fait ici l'administration pénitentiaire est évidemment contraire au droit positif. Il faut néanmoins s'en féliciter compte tenu des conséquences particulièrement lourdes sur le plan juridique des condamnations pour évasion. Encore une fois, les sanctions d'application de la peine et disciplinaires apparaissent bien suffisantes.

Le cas du placé sous surveillance électronique statique, peine ou aménagement de peine créé par la loi du 19 décembre 1997, ne doit pas être confondu avec celui du placé sous surveillance électronique mobile, mesure de sûreté créée par la loi du 12 décembre 2005 et étendue par la loi du 25 février 2008 relative à la rétention de sûreté. L'article 434-29 ne saurait concerner la personne placée sous surveillance électronique mobile, dès lors que celle-ci n'est jamais sous écrou quelle que soit la « voie d'entrée » qui y a conduit. Dans le cadre d'une libération conditionnelle, la personne fait l'objet d'une levée d'écrou ; dans celui de la surveillance judiciaire des personnes dangereuse comme dans celle de la surveillance de sûreté, elle a terminé de purger sa peine privative de liberté et fait l'objet après celle-ci, de cette mesure de sûreté ; dans le cas d'un suivi socio-judiciaire, elle est certes encore en cours d'exécution d'une peine, mais en liberté, une levée d'écrou ayant également été réalisée ; dans le cadre, enfin, de la surveillance de sûreté, l'intéressé a totalement purgé sa peine.

En outre l'article 434-29-4° avait été rédigé par la loi n° 97-1159 du 19 décembre 1997 qui, précisément, instaurait la surveillance électronique statique et elle seule.

Une autre question, pour le moment hypothèse d'école, mérite néanmoins d'être soulevée : dans le cadre d'une mesure alternant la liberté et la détention comment qualifier le fait pour l'intéressé de se soustraire à la garde, non pas durant la partie de sa peine effectuée en liberté, mais au cours de la période située en détention (qui peut être un centre de semi-liberté). S'agit-il d'une évasion par nature ou d'une évasion par assimilation ? Autrement dit quel est l'élément déterminant : le lieu où se situe l'intéressé ou bien la nature de la mesure dont il fait l'objet ? A notre sens, c'est la nature de la mesure qui prime. Pour l'application de l'évasion par nature, l'article 434-28 vise en effet des décisions (garde à vue, écrou extraditionnel, mandat, peine privative de liberté). De la même manière, pour l'application de l'évasion par assimilation, l'article 434-29 vise des mesures d'aménagement de la peine ou encore d'hospitalisation. Il n'est point question de lieu, mais de décision. Aussi devrait-on dans cette hypothèse appliquer l'article 434-29, 2°.

Reste encore une ultime question qui fait l'objet de controverse : un détenu qui travaille dans le cadre d'une corvée extérieure doit-il être assimilé au bénéficiaire d'un placement à l'extérieur et donc encourir les sanctions de l'évasion ? Au contraire, doit-on considérer que, parce que juridiquement la corvée extérieure est distincte du placement à l'extérieur, comme nous allons le voir et en raison du principe d'interprétation stricte, qui prohibe le raisonnement par analogie, il faudrait écarter toute sanction pour évasion ?

La jurisprudence semble avoir tranché : elle pratique indiscutablement l'analogie. Tel n'a toutefois pas toujours été le cas. Un jugement plus ancien s'en était au contraire tenu à l'interprétation stricte (TC Beauvais 24 mars 1961, *D.* 1961, somm., p. 66). Dans cette affaire, le détenu qui accomplissait une corvée à l'extérieur consistant, d'une part, à s'occuper des jardins et, d'autre part, à faire la cuisine au mess des surveillants, s'était échappé. Le tribunal devait écarter la qualification d'évasion parce qu'à l'époque l'article 245 de l'ancien code pénal visait le détenu qui se soustrayait à la garde « *alors qu'il était employé à l'extérieur* », notion distincte de celle de corvée extérieure.

Aujourd'hui, le code pénal vise le « placement à l'extérieur », notion plus nettement distincte encore des corvées extérieures qu'autrefois. Partant, l'analogie semble devoir être a fortiori écartée. Néanmoins, deux autres décisions ont fixé la jurisprudence moderne dans un sens inverse. Ainsi la Cour d'appel de Paris (26 oct. 1988, cité par Thomas, préc. n° 57, Jurisdata n° 1988-026808), a-t-elle retenu l'évasion s'agissant d'un détenu qui avait profité de la corvée extérieure exécutée au mess pour sauter sur une mobylette et se sauver. L'analogie entre corvée extérieure et placement à l'extérieur était également faite quelques années plus tard par la Cour d'appel de Colmar (3 sept. 1996, *D.* 1997, p.

103, note Beau), à propos d'un détenu dont la corvée consistait à tondre la pelouse. Les juges avaient été jusqu'à énoncer, sans sourciller que l'intéressé « *faisait l'objet d'un placement à l'extérieur* ».

De manière surprenante, la doctrine ne paraît pas s'offusquer de l'utilisation du procédé analogique pourtant habituellement prohibé en matière pénale (v. not. Thomas, n° 57). Monsieur Baud, dans sa note sous la décision de Colmar estime que ne pas assimiler corvée et placement « *paraît trop rigide. En effet l'hypothèse d'une corvée réalisée sous surveillance directe et constante de l'administration pénitentiaire doit être prise en considération dans sa spécificité. Il s'agit en effet de travaux à effectuer en dehors des lieux de détention et qui sont attribués à des détenus bénéficiant ainsi d'un certain régime de confiance* ».

De notre point de vue, au contraire, le lieu où se déroule la corvée extérieure ne constitue pas un critère suffisant pour retenir l'analogie. Comme il a été vu *supra*, c'est la nature même de la décision dont fait l'objet l'intéressé qui est au centre des cas d'évasion visés aux articles 434-27 et 434-29 du code pénal. Précisément, la nature des corvées est très fortement distincte de celle des placements à l'extérieur. En premier lieu, le placement à l'extérieur est une mesure juridictionnelle, qui peut être tantôt une peine (C. pén., art. 132-25), prononcé par une juridiction répressive, tantôt un aménagement de peine (C. pr. pén., art. 723) prononcé par le Jap, voire le Tap. La corvée extérieure, quant à elle, est une décision administrative prise par le directeur de l'établissement pénitentiaire.

En deuxième lieu, le placement à l'extérieur a un contenu probatoire, les mesures de contrôle de l'article 132-44 du code pénal s'imposant automatiquement et les obligations particulières de l'article 132-45 du même code, pouvant être spécialement retenues par la juridiction compétente ou, ultérieurement, par le Jap en charge de la mesure. Aucune probation n'est au contraire possible dans le cadre de la corvée extérieure. Les travailleurs sociaux du SPIP ne sont aucunement impliqués et aucun suivi n'est mis en place. Sur le plan textuel, d'ailleurs, alors que de nombreux textes régissent le placement à l'extérieur (C. pén., art. 132-25 ; C. pr. pén., art. 712-6, 723, 723-2, 723-15, 723-20, D 126 à D 136), la corvée extérieure se caractérise par un vide normatif quasi total : seule une mention indicative, exclusive de la définition de son régime juridique, figure à l'article D 118 du code de procédure pénale.

L'obtention même de ces mesures répond à des exigences distinctes. Alors que, pour le placement à l'extérieur, des conditions de durée de peine ou de reliquat de peine à exécuter précises sont exigées (v. not. C. pén., art. 132-26 et C. pr. pén., art. D 128 et D 136), faute d'indication textuelle précise, il n'y a aucune condition temporelle déterminée en ce qui concerne les corvées, même si, en pratique, les chefs d'établissement réservent naturellement cette mesure à des détenus n'ayant plus qu'une courte incarcération à purger.

Le fondement même de ces deux mesures est encore distinct. Alors que le placement à l'extérieur vise la réinsertion du détenu en le plaçant de manière partielle dans les conditions de vie et d'activité du monde extérieur, la corvée a essentiellement pour objet de faire gagner de l'argent à l'intéressé (elle est donc plus proche du travail pénitentiaire en « service général »), tout en résolvant une difficulté matérielle pour l'administration, qui ne dispose ni des budgets ni des moyens humains pour faire réaliser autrement les tâches en question.

Ajoutons pour finir que la décision juridictionnelle conduisant au placement à l'extérieur est comme telle, nécessairement susceptible d'un appel, tandis qu'aucun recours ne paraît pouvoir être exercé en matière de corvée, que ce soit, de la part du parquet, pour s'y opposer, ou du détenu pour contester un rejet.

Pour toutes ces raisons, l'analogie entre placements à extérieur et corvées extérieures nous paraît juridiquement infondée. Seule une réforme législative permettrait d'assimiler, le cas échéant, ces deux mesures.

Tableau récapitulatif des distinctions entre corvées extérieures et placements à l'extérieur.

/	Placement extérieur	Corvée extérieure
Nature juridique	Juridictionnelle/aménagement de peine	Administrative/travail pour l'établissement pénitentiaire
Auteur de la décision	Jap, voire Tap, juridiction répressive	Chef de l'établissement pénitentiaire
Textes régissant la mesure	C. pén., art. 132-25, al. 2 C. pr. pén. , art 712-6, 72, 723-2, 723-20	Simple mention à C. pr. pén. , D 118. Aucune indication textuelle quant au régime
Recours	Oui : appel	Non
Conditions d'obtention	- Conditions de durée de la peine ou du reliquat de peine - Conditions tenant à l'existence d'une activité à exercer à l'extérieur - Condition générale de personnalité et de resocialisation	Non traitées par le C. pr. pén. Au bon vouloir du chef d'établissement
Objet	Réinsertion du condamné ou éviter la désocialisation Travail, formation, activité sportive… pour une cause générale (par ex. nettoyage des plages) ou personnelle (travail salarié, formation..)	Non connues, mais en général : -permettre au détenu de gagner de l'argent ; -lui faire réaliser des tâches pour lesquelles l'AP n'a pas d'autres personnels ou financements. Nota : en cela plus proche du travail pénitentiaire (service général)
Lieu d'exécution	Tout lieu désigné par le jugement Retour en prison le soir et le week-end sauf décision contraire (not. permission de sortir)	Toujours aux abords immédiats de la prison (mess, jardin, parking…) Au plus loin, une ou quelques rues au-delà (mess)
Probation	Oui. Art. 132-44 et 132-45 c. pén.	Non

Le paragraphe 3° de l'article 434-29 désigne encore « *une mesure de… fractionnement de l'emprisonnement* ». Il s'agit tantôt d'une peine restrictive de liberté prononcée par la juridiction répressive (C. pén., art. 132-27), tantôt d'un aménagement de peine prononcé par le Jap (C. pr. pén., art. 720-1), tantôt même d'une mesure accordée par le parquet pour une durée qui ne peut alors excéder trois mois (C. pr. pén., art. 708). En pratique, il est exceptionnel qu'elle soit prononcée par la juridiction répressive ou le parquet. Les Jap eux-mêmes n'y recourent pas très fréquemment, en raison notamment de sa complexité.

Dans tous les cas, l'intéressé ne peut en bénéficier qu'en prouvant l'existence d'une raison grave de nature médicale, familiale, professionnelle ou sociale.

La personne qui fait l'objet du fractionnement alterne des périodes d'emprisonnement, notamment en fin de semaine (pour des périodes minimales de deux jours) et des périodes de liberté. Elle est donc nécessairement sous écrou, même si aucune disposition normative ne le rappelle. Elle est nécessairement soumise aux mesures de contrôle de l'article 132-44 et peut se voir imposer des obligations particulières de l'article 132-45 du code pénal.

Le faible nombre de ces mesures ainsi que le fait qu'elles s'adressent à des courtes peines ou à des personnes en fin d'exécution de leur peine (durée d'incarcération inférieure ou égale à un an au maximum), explique l'absence de jurisprudence connue portant sur des faits d'évasion survenus dans ce cadre.

Le caractère récent de l'ajout du cas particulier de la surveillance électronique statique explique en partie également la rareté de la jurisprudence à cet égard.

c) Neutralisation du bracelet électronique

Il est fait référence à nouveau à la surveillance électronique au paragraphe 4 de l'article 434-29 du code pénal. Cette fois il n'est plus question de soustraction au contrôle, mais du fait pour le placé de « *neutraliser par quelque moyen que ce soit le procédé permettant de détecter à distance sa présence ou son absence dans le lieu désigné par le juge de l'application des peines* ».

Depuis que ce texte a été rédigé, ce n'est plus seulement le Jap qui peut déterminer l'assignation, mais également la juridiction répressive : la loi du 9 mars 2004 a en effet prévu que le placement sous surveillance électronique pouvait aussi constituer une peine. Néanmoins l'application de l'article 434-29 nous paraît ici possible, dès lors que la nature même de la mesure, lorsqu'elle s'exécute, est identique et est d'ailleurs suivie par le Jap de la même manière.

Il n'en va en revanche pas ainsi pour la surveillance électronique mobile instaurée par la loi n° 2005-1549 du 12 décembre 2005. Celle-ci est en effet une mesure de sûreté et non une mesure destinée à favoriser la réinsertion des condamnés. En outre, le dispositif lui-même est distinct, l'intéressé portant avec lui en plus du bracelet, un boîtier particulièrement encombrant et bruyant, lequel permet de déterminer à tout moment à quel point du territoire il se trouve, ce qui peut être contrôlé non seulement par les personnels de l'administration pénitentiaire, mais encore, dans certains cas, par la police judiciaire. Seule la loi pourrait ici encore permettre d'appliquer à l'intéressé les sanctions de l'évasion. Au demeurant, la loi a prévu des sanctions spécifiques en cas de neutralisation du matériel, lesquelles sont calquées sur celles des « voies d'entrée » du placement sous surveillance électronique mobile. Il s'agit de la révocation de la libération conditionnelle, de la mise à exécution de la peine d'emprisonnement prévue en cas de violation de la peine de suivi socio-judiciaire ou enfin du retrait des réductions de peine sur lesquelles se fonde la surveillance judiciaire des personnes dangereuse ou encore du placement en rétention de sûreté en cas de violation de la surveillance de sûreté.

Il n'existe pas de jurisprudence publiée mettant en application ce type de situation. C'est que lorsque des incidents de cette nature surviennent, ils sont plus volontiers, ici aussi, traités par le biais de sanctions disciplinaires et/ou d'exécution de la peine et notamment la révocation du placement, laquelle se traduit par le retour en prison pour la partie de la peine restant à courir. Ce sont là les sanctions naturelles de cette « évasion ». L'on voit bien qu'en réalité, l'assimilation est finalement aussi forcée qu'inutile. N'en va-t-il pas a fortiori ainsi en présence d'un aménagement de peine sans écrou ?

3. Assimilation de l'aménagement de peine sans écrou à la détention

Comme nous l'avons indiqué au début de cette étude relative à l'évasion par assimilation, l'article 434-29 du code pénal vise les suspensions de peine en son point 3°. En réalité, le texte parle de mesure de suspension de peine au singulier.

La suspension de la peine est une mesure juridictionnelle qui permet de reporter l'exécution de la peine à une date tantôt déterminée, tantôt indéterminée (*Droit de l'exécution des peines, op.cit.*, n° 131.05).

Au contraire des mesures étudiées *supra*, elle ne s'accompagne pas d'un écrou. Soit il y a suspension initiale, prononcée par la juridiction répressive (C. pén., art. 132-27 et 132-28) et il n'y a alors pas lieu à écrou tant que court la suspension ; soit il y a suspension de la peine en cours d'exécution (C. pr. pén., art. 720-1 et 720-1-1) et il y a alors levée d'écrou. Un nouvel écrou sera réalisé, le cas échéant, selon le type de suspension de peine dont il s'agit, lorsque la cause en aura disparu ou sur la base de la durée qui lui a été fixée par la juridiction.

Il nous est apparu opportun de distinguer ce type de mesure, sans écrou, des situations où l'intéressé reste écroué. C'est que si l'assimilation à l'évasion par nature peut se concevoir lorsque, faute de murs ou de barreaux effectifs, existe à tout le moins un rattachement juridique à un établissement pénitentiaire, celle-ci apparaît plus hardie en l'absence d'un tel lien. Dans un domaine voisin, celui de la libération conditionnelle, où l'intéressé est également libre, mais sous probation, sans contact physique ni juridique avec une prison, le législateur n'a pas un instant songé à prévoir une telle assimilation. Il est certes exact que, dans la libération conditionnelle, aucun retour en prison n'est programmé, sauf pour la mesure à être révoquée, alors que pour la suspension de peine ordinaire de l'article 720-1 du code de procédure pénale, le retour s'effectue au moment déterminé par la juridiction et au plus tard dans un délai de trois ans. Inversement, il peut être noté que dans le cas de la suspension médicale de peine de l'article 720-1-1, aucun retour n'est en principe déterminé par le juge et que le législateur n'a pas fixé de durée maximale. Seul l'état de santé de l'intéressé conditionne sa durée.

Par ailleurs, le législateur semble avoir oublié un cas de figure, en revanche fixé pour les aménagements de peine sous écrou : la suspension de peine n'est en effet pas visée au paragraphe 2°, consistant pour le condamné à ne pas se soumettre au contrôle qui s'impose à lui. Ceci s'explique par le fait qu'avant la loi du 9 mars 2004, aucun contrôle n'était prévu pour la suspension de peine de droit commun et qu'avant la loi n° 2002-303 du 4 mars 2002, la suspension médicale de peine n'existait pas. La loi du 9 mars n'a pas songé à adapter l'article 434-29 du code pénal, alors même qu'elle a rendu possible une probation de droit commun, aussi bien dans le cadre de la suspension ordinaire que dans celui de la suspension médicale de peine (C. pr. pén., art. 720-1, al. 1 et 720-1-1, al. 5). Il s'ensuit que seul le non-retour – et non l'insoumission au contrôle – peut être en la matière constitutif d'évasion. Cela est heureux, car comme nous l'avons dit, en matière de contrôle, ce sont en pratique plus volontiers les sanctions d'application de la peine qui sont utilisées.

La création de la suspension médicale de peine soulève à son tour la question de savoir s'il faut l'assimiler à la suspension de peine de droit commun au titre de l'évasion.

Elle n'est pas sans rappeler celle qui portait sur l'assimilation entre corvées extérieures et placement à l'extérieur. C'est ici l'occasion de rappeler le principe de l'interprétation stricte, supposé prévaloir en matière pénale ainsi que son corollaire, la prohibition du raisonnement par analogie – sauf à se souvenir que la jurisprudence n'est pas aussi regardante, en pratique.

Il peut être ajouté, dans le même sens, que le législateur n'a pas intégré la suspension de peine médicale dans le champ de l'article 434-29 depuis sa création en 2002, alors qu'il a eu le temps de le faire, soit à l'occasion de cette réforme-là, soit encore au cours des nombreuses lois intervenues dans le champ pénal ou de l'exécution des peines depuis lors. Or il s'en est abstenu.

Mais en sens inverse, il nous semble qu'il peut être avancé que la suspension médicale de peine constitue une variante de la suspension de peine de droit commun. D'ailleurs le législateur, leur a donné le même nom : il se borne à utiliser la notion de « suspension de peine » ; nous sommes pour notre part à l'origine de l'appellation de « suspension médicale de peine » notamment dans le cadre des trois éditions parues de *Droit de l'exécution des peines* (antérieurement *Droit de l'application des peines*). Au demeurant, lorsqu'il a retenu le mécanisme de la suspension de peine, pour ce qui concerne les malades, le législateur a créé un nouvel article, 720-1-1 immédiatement inscrit au sein du code de procédure pénale après la suspension ordinaire, devenue suspension de droit commun et figurant quant à elle, à l'article 720-1 du même code. Le mécanisme retenu est au surplus le même, sous réserve, naturellement, de la durée de la mesure, par essence imprévisible dans le cas de la suspension médicale, puisqu'il est impossible de prévoir si l'intéressé verra son état s'améliorer ou non. Dans les deux cas, il s'agit en outre de mesures juridictionnelles, notamment prises par des juridictions d'application des peines (C. pr. pén., art. 712-4, 712-6, 712-7), qui sont susceptibles d'un appel de droit commun dévolu à la chambre de l'application des peines de la Cour d'appel (C. pr. pén., art. 712-11-2° et 712-13). S'agissant de mesures de même nature, il ne nous semble dès lors pas utile de faire appel au raisonnement par analogie pour « forcer » leur assimilation.

Aussi peut-il être retenu que sur un plan purement théorique, l'évasion de l'article 434-29-3° pourrait être constituée dans le cas de la suspension médicale. L'on se heurte toutefois aussitôt à un obstacle intellectuel, lequel constitue une seconde question : peut-on parler de non-retour à l'issue de la mesure, alors que par hypothèse, la date de retour n'est pas déterminée dans ce cas particulier ? Il ne le semble pas. Une seule situation pourrait donc à la rigueur entrer dans les prévisions de l'article 434-29-3 : celle où le Jap aurait décidé de révoquer la suspension médicale de peine parce que l'intéressé serait guéri ou ne se serait pas soumis aux obligations particulières qui lui ont été imposées (C. pr. pén., art. 720-1-1, al. 6) ou bien où celui-ci ne réintégrerait pas l'établissement pénitentiaire.

Une autre situation, particulièrement complexe, doit encore être étudiée : celle du mineur séjournant en centre éducatif fermé. Ces établissements pour mineurs, à mi chemin entre le milieu ouvert et la prison où prime le projet éducatif, ont été validés par le Conseil constitutionnel (Décis. n° 2002-461 DC du 29 août 2002, M. Giacopelli, *JCP* 2003, p. 1037, V. Ogier-Bernaud, *Rev. fr. dr. Constit*, 2002, p. 548, J. Roux, *Rev. dr. Pub.* 2002, p. 1731, B. Mathieu, *LPA*, 6 janv. 2003, p. 10) parce que l'enfermement n'était pas supposé y être physique, mais purement « juridique » (v. C. Thomas, « Une catégorie politique à l'épreuve du juridique : la « fermeture juridique » dans la loi Perben 1 », *Droit et société*, 2006, p. 507). Dans la réalité pratique, des barreaux, systèmes d'alarme et barrières parfois surmontées de barbelées ont été installés afin notamment d'éviter les « fugues ». Ces dernières ne peuvent toutefois être tenues pour constituer une évasion par nature, car, comme nous l'avons vu, les mineurs qui y sont placés se trouvent dans un statut différent de celui de la privation de liberté : ils sont soit sous contrôle judiciaire, soit en semi-liberté ou en placement à l'extérieur, soit enfin en libération conditionnelle.

Peuvent-ils dès lors être tenus pour être auteurs d'une évasion par assimilation ? Constatons d'abord que le placement en centre éducatif fermé ne se traduit pas par un écrou. D'ailleurs ce sont des personnels de la PJJ ainsi que du secteur associatif qui « gardent » les jeunes et non pas des personnels pénitentiaires. L'absence d'écrou, nous l'avons vu, n'est pas *per se* un obstacle suffisant à l'application de l'article 434-29. Celui-ci ne vise toutefois que deux des situations juridiques en cause ici, le placement à l'extérieur et la semi-liberté. Il ne peut y avoir en conséquence d'évasion par assimilation lorsque le mineur était sous contrôle judiciaire ou libération conditionnelle. Précisément dans les seuls cas du placement à l'extérieur et de la semi-liberté, il y a ordinairement un écrou. Si l'on passe sur cette circonstance, d'ailleurs non visée à l'article 434-29, reste à déterminer quel type de comportement pourrait ainsi être reproché au mineur qui « fuguerait » : celui du paragraphe 2 ou du paragraphe 3 de ce texte ? La non-réintégration de l'établissement visée au paragraphe 3 peut certes éveiller un écho : l'objet des centres éducatifs fermés est notamment d'amener les mineurs à un retour à la vie ordinaire.

Des sorties sont donc organisées avec des heures de retour précises. Cependant ces sorties et retours se rattachent au projet pédagogique de la structure et ne se fondent pas juridiquement sur le placement à l'extérieur ou la semi-liberté lesquels ne sont pas, dans le cas du centre, fait d'alternance prison/liberté, mais consistent précisément dans le séjour dans ce centre. Le paragraphe 3 est donc inapplicable.

En revanche le paragraphe 2 pourrait correspondre à la fugue du mineur, dans la mesure où il renvoie au contrôle dont le condamné fait l'objet. Certes, nous avons vu *supra* que la notion de contrôle renvoyait ordinairement à l'application de l'article 132-44 du code pénal. Mais dans le cas du mineur séjournant en centre éducatif fermé, la nature de ce contrôle est distincte : elle consiste précisément dans ce séjour, soit dans l'existence de ces barreaux à la fois juridiques et matériels. S'y soustraire constitue donc bien, à notre sens, dans le strict cas du placement à l'extérieur et de la semi-liberté, une évasion par assimilation. Il serait toutefois peu opportun d'en faire application à un mineur, pour lequel ce type de comportement se traduit déjà par l'envoi en prison (art. 33, al. 1, Ord. 2 fev. 1945).

En revanche rien ne s'oppose à ce qu'un mineur puisse être poursuivi pour connivence à évasion.

§. 3. La connivence à évasion

Les personnes qui commettent des actes d'évasion, spécialement par nature, sont fréquemment aidées par autrui.

Aider autrui à commettre une évasion constitue une infraction autonome et non un acte de complicité. Une telle précision revêtait une importance considérable lorsque l'évasion par nature supposait des violences, une effraction ou une corruption. En effet en l'absence de tels faits, l'auteur principal n'étant pas punissable, le tiers n'aurait pu être sanctionné sur le terrain de la complicité. En tant qu'auteur d'un acte autonome, il ne devait sa sanction qu'à lui-même. Mieux encore, même si le détenu n'était pas au courant des préparatifs qui le concernaient, les auteurs de la connivence étaient punissables (Cass. Crim., 11 juin 1949, *Bull. Crim.*, n° 209, *D.* 1949, p. 349, *JCP* 1949, II, n° 5039, obs. Colombini). A tout le moins devait-il y avoir un destinataire des préparatifs. M. Thomas cite toutefois une décision de la Cour d'appel de Paris (3 juin 1991, Jurisdata n° 1991-023026, au n° 104 du JCL) admettant la sanction d'un homme qui avait volé un hélicoptère, survolé la cour de promenade d'une prison et fait descendre une nacelle dans le but de faire évader « un » détenu, sans qu'aucun ne s'en approche ni ne puisse être identifié.

Aujourd'hui que l'évasion est constituée même sans violence, effraction ou corruption, le traitement du tiers par le biais d'une infraction autonome paraît moins utile, sauf à observer que certaines formes de connivence sont plus lourdement sanctionnées que l'évasion par nature.

Concrètement, le législateur a créé deux incriminations selon que la personne qui aide est ou non un membre du personnel pénitentiaire, comme nous l'avons étudié *supra.* Cependant les deux incriminations sont également distinctes au regard de leurs éléments constitutifs.

A. Connivence à évasion commise par un tiers

C'est à l'article 434-32 du code pénal qu'est visé le premier cas de connivence à évasion.

Comme il a été étudié *supra*, l'auteur est un tiers au détenu, et plus largement « *Toute personne* ». Il s'agit donc de tous types de personnes, à l'exception de celles qui sont visées par la disposition suivante, l'article 434-33, lequel renvoie uniquement à des professionnels.

Il peut s'agir aussi bien d'une personne connue de l'auteur, que d'une personne qu'il ne connaît pas.

Le destinataire de la connivence est nécessairement « un détenu », même s'il a été vu qu'il n'est pas nécessairement déterminé. Cette notion revêt le même sens que celui qui est lui est conféré en matière d'évasion par nature.

L'acte matériel de connivence consiste, aux termes de l'article 434-32, à « *procurer… tout moyen de se soustraire à la garde* ». En pratique, il s'agira par exemple de faire entrer des explosifs ou une arme en détention, de procurer des cordes, un plan de l'établissement, les horaires des rondes, de participer à une prise d'otages, de dissimuler une arme, de conduire ou faire amener un hélicoptère au-dessus d'une cour de promenade, etc.

L'élément matériel ainsi présenté est nécessairement un acte positif. Une simple abstention ne pourrait suffire, car les tiers n'ont aucun devoir de surveillance ou de garde envers les détenus. Détourner les yeux, prétendre n'avoir rien vu, ne serait donc pas punissable. L'article 434-32 est au demeurant très clair : il convient de « procurer » une aide.

La chambre criminelle exige au surplus des juges du fond qu'ils viennent préciser, dans leur décision, en quoi consistait exactement l'acte de connivence. A défaut, celle-ci encourt la cassation (Cass. Crim., 5 sept. 1907, *Bull. Crim.*, n° 392).

La connivence doit bien avoir pour but d'aider le détenu à « se soustraire à la garde » dont il fait l'objet. La question avait été posée dans la célèbre affaire des faux certificats médicaux de Marseille, qui avait connu un énorme retentissement médiatique dans les années 1980 et allait expliquer pour partie une durable méfiance envers les demandes d'élargissement pour cause sanitaire. Des médecins avaient fourni à des détenus de faux certificats médicaux (Versailles, 21 fev. 1984, *Gaz. Pal.*, 1984, I, p. 252, note J.P. Doucet, *Rev. Sc. crim.*, 1984, p. 499, obs. A. Vitu ; Cass. Crim., 21 fev. 1985, *Bull. Crim.*, n° 84, *Rev. Sc. crim.*, 1985, p. 803, obs. J.P. Delmas Saint Hilaire), afin de leur permettre d'obtenir du juge d'instruction une mise en liberté et, pour certains d'entre eux, des décrets de grâces présidentielles. Dans l'affaire soumise à la cour de cassation, le certificat faisait état d'une récidive de cancer. Il fut retenu que même si la connivence pouvait être constituée alors que l'auteur principal n'était pas punissable (c'était le cas en l'espèce faute de violence ou bris de prison), pour autant, il ne pouvait y avoir de connivence à une autre infraction ou à d'autres faits que l'évasion. Ne pouvait ainsi être assimilée à une évasion la libération prononcée légalement, mais du fait de faux certificats médicaux. Cette solution pour irritante qu'elle ait pu être (v. Thomas, *op. cit.,* n° 106) n'en respectait pas moins strictement le principe de légalité (en ce sens, la note préc. de Delmas Saint Hilaire), même si un auteur (A. Vitu, note préc.) a pu se risquer à proposer l'application de la théorie de l'apparence, ce qui en matière pénale, spécialement quant aux incriminations, paraît toutefois pour le moins extensif.

L'évasion est un délit instantané, comme nous l'avons dit. La connivence doit donc être présente soit avant celle-ci, soit en même temps. Elle ne saurait intervenir après elle. Celui qui aide l'évadé en cavale à ne pas être découvert n'est à tout le moins pas coupable de connivence à évasion (Cass. Crim., 4 mai 2000, pourvoi n° 99-86563, *Bull. Crim.,* n° 178). Il pourrait le cas échéant être poursuivi pour recel de malfaiteurs, qualification prévue à l'article 434-6 du code pénal, dans le cas du moins où l'évadé serait auteur d'un crime ou d'un acte de terrorisme.

Après la forme simple de la connivence, que nous venons de décrire, l'article 434-32 prévoit deux formes aggravées aux alinéas 2 et 3. Elles portent respectivement la peine de trois ans d'emprisonnement et 45 000 euros d'amende à cinq ans et 75 000 euros, puis sept ans et 100 000 euros.

La première cause d'aggravation, prévue au deuxième alinéa de l'article 434-32, renvoie aux adminicules naguère exigés pour l'évasion par nature : la connivence s'accompagne en effet alors de violence, effraction ou corruption, de la part de l'auteur de la connivence elle-même. Le sens à donner à ces notions est naturellement le même que lorsqu'il s'agit de définir l'évasion par nature aggravée.

La deuxième cause d'aggravation, prévue au troisième alinéa de l'article 434-32, consiste dans « *la fourniture ou l'usage d'une arme ou d'une substance incendiaire ou toxique* ». Ceci correspond également à l'une des formes aggravées de l'évasion par nature, telle que prévue à l'article 434-30 du Code pénal, et qui sera étudiée *infra* au chapitre 3, section 3. Les peines déjà lourdes, pour ce type de fait, sont néanmoins inférieures à celles qu'encourrait le professionnel qui se rendrait coupable de connivence, même en la forme simple.

B. Connivence à évasion commise par une personne en fonction ou en mission dans l'établissement pénitentiaire

La connivence par professionnel, notion que nous avons définie *supra*, est visée à l'article 434-33 du code pénal. S'agissant de surveillants ou personnels habilités par leurs fonctions à entrer dans l'établissement ou à approcher les détenus, les peines sont portées d'emblée à dix ans d'emprisonnement et 150 000 euros d'amende en raison de la gravité particulière des faits. Ces personnes ont pour mission de garder les détenus ou, à tout le moins, de servir le public et l'intérêt commun. Elles sont naturellement tenues plus que toutes autres, à une éthique professionnelle irréprochable.

Il y a certes des points communs avec la connivence de l'article 434-32. Ainsi l'acte doit-il avoir été réalisé avant ou pendant l'évasion ; il ne saurait avoir lieu postérieurement.

Il existe en revanche une différence essentielle avec la connivence des non professionnels. Ainsi, l'acte de connivence lui-même est-il défini dans des termes différents de ceux de l'article 434-32. Il s'agit en effet cette fois de « *faciliter ou de préparer, même par abstention volontaire* » l'évasion du détenu. Sont donc non seulement visés ici des actes positifs d'aide au détenu (fourniture d'une arme, d'une corde, d'un plan, etc.), mais encore des actes d'abstention.

Néanmoins, pour constituer la connivence, l'abstention doit être volontaire. Si elle résultait d'une négligence non intentionnelle, d'une mauvaise exécution non délibérée de gestes professionnels, elle ne serait pas punissable. La distinction pourra certes s'avérer concrètement subtile. L'enjeu est toutefois considérable. A tout le moins, la négligence professionnelle pourrait être sanctionnée sur le plan disciplinaire, s'agissant des personnels pénitentiaires, par le retrait d'agrément ou de l'autorisation d'entrer dans l'établissement, pour les autres.

La question est d'autant plus sensible que s'agissant de l'auteur principal de l'évasion, la jurisprudence ne paraît pas très préoccupée de l'élément moral.

Section 4. L'élément moral

Assurément, la jurisprudence ne semble pas très exigeante quant à l'élément moral. Il n'en allait différemment qu'en une époque et du fait de circonstances exceptionnelles, d'un jugement (Trib. corr. de Cherbourg, 6 février 1945, *Gaz. Pal.*, 1945, 1, 104, *S.* 1945, 2, 81) qui avait pu écarter l'évasion faute d'intention, s'agissant d'une personne qui avait en réalité voulu échapper au « péril imminent » consistant à être déportée en pays ennemi. Comme nous l'avons vu dans le premier chapitre, l'histoire permet de donner une justification aux actes de héros de guerre ou de résistants.

En revanche, dans des circonstances ordinaires, la jurisprudence s'attache si peu à l'élément moral qu'il semble presque que, malgré les prescriptions claires de l'article 121-3 alinéa 1 du code pénal, elle n'en exige aucun.

Dans certains cas, l'intention, quoi que brouillée, est bien présente. Ainsi, dans une affaire récente (Cass. Crim., 3 mars 2004, pourvoi n° 03-82843, inédit), un détenu, séjournant dans un établissement hospitalier, venait juste de se voir injecter de la morphine, produit dont chacun sait qu'il ne confère guère dans les suites immédiates de son absorption, une lucidité à toute épreuve. Il devait immédiatement sauter sur l'aide-soignante qui le lui avait administré et, alors même qu'il y avait deux policiers dans la pièce, sauter du lit une arme de poing à la main et menacer ces deux derniers. Il n'était pas totalement habillé. Cette tentative absurde devait échouer, les policiers l'appréhendant de suite et parvenant aisément à lui faire lâcher son arme. Le caractère brouillé de l'intention était contrebalancé en l'espèce par le fait que l'intéressé avait antérieurement dissimulé une arme. L'intention et même la préméditation étaient donc bien présentes. Du fait de la présence de cette arme, d'ailleurs, il devait se voir condamné à cinq ans d'emprisonnement. Les juges de second degré devaient encore relever, au soutien de l'élément intentionnel, des éléments peu favorables : le détenu n'avait pas exprimé de remords et avait même accablé le personnel infirmier.

En matière de permission de sortir, la jurisprudence est en revanche plus contestable. Les juges retiennent que l'évasion est constituée, dès lors que, comme nous l'avons vu *supra*, l'intéressé ne paraît pas à l'établissement à l'heure exacte prévue quelles qu'en soient les raisons (Cass. Crim., Cass. crim., 18 févr. 1976, *Bull. crim.*, n° 64 ; Cass. crim., 22 juin 1994, *Bull. crim.*, n° 251 ; *Rev. sc. crim* 1995, 105, obs. Delmas Saint Hilaire).

Il faut aussi relever la même sévérité s'agissant du prononcé de sanctions d'application de la peine, comme le rejet de nouvelles demandes de permissions de sortir. Ainsi dans une affaire où le détenu était rentré en retard d'une précédente permission, une autre demande s'était soldée par un rejet. Il soutenait cependant que les permissions de sortir qui lui avaient été accordées jusque-là étaient de cinq jours, conformément aux prévisions de l'article D 146 du code de procédure pénale et qu'il n'avait pas prêté attention au fait que la dernière n'était que de quatre. Il n'avait donc pas eu l'intention de ne pas rentrer de permission ni même de rentrer en retard. Il soulignait d'ailleurs que, contacté par téléphone le cinquième jour par un travailleur social, il était rentré immédiatement. (Agen, Chap, 6 avril 2006, *AJPénal* 2006, juin, p. 271-272, obs. M. Herzog-Evans). Il fut néanmoins sanctionné.

3

Répression de l'évasion

Lorsque l'évadé est repris, il convient d'abord de l'identifier (Section 1), afin de prononcer à son encontre des peines (Section 3) ou autres sanctions (Section 4). Comme pour toute infraction, sont également à résoudre les questions habituelles de droit pénal général (Section 2).

Section. 1. Identification de l'évadé

L'identification de l'évadé, qui va souvent dans un premier temps, refuser de décliner ses noms et prénoms, répond naturellement aux techniques ordinaires en matière d'investigation.

Des contestations judiciaires pourraient d'ailleurs survenir à cet égard. L'article 748 alinéa 1 du code de procédure pénale retient que « *Lorsque après une évasion suivie de reprise ou dans toute autre circonstance, l'identité d'un condamné fait l'objet d'une contestation, cette contestation est tranchée suivant les règles établies en matière d'incidents d'exécution.* »

La notion d'incident d'exécution renvoie aux articles 710 et suivants du code de procédure pénale (v. A. Gailly, *Exécution des sentences pénales – Incidents contentieux, erreurs matérielles et interprétation des sentences pénales,* JCL Procédure pénale, Art. 710 à 712 et M. Herzog-Evans, *Incident contentieux d'exécution des sentences pénales,* Rep. Pen. Dalloz). Il s'agit d'une procédure particulière relevant de la compétence de la chambre de l'instruction, en matière criminelle, et de la juridiction de même degré que celle qui avait tranché, s'agissant des affaires correctionnelles. Cependant, alors qu'habituellement la procédure se déroule en chambre du conseil, l'article 748 fait ici exception qui retient que l'audience est publique.

L'alinéa 2 de cet article ajoute que si la contestation s'élève à l'occasion ou au cours d'une nouvelle poursuite, elle est en revanche tranchée par la cour ou le tribunal qui est saisi de cette poursuite.

En dehors de ces circonstances rarissimes, sont en revanche soulevées de manière régulière des questions classiques en matière pénale.

Section. 2. Régime pénal général

L'évasion n'échappe pas à l'étude des règles applicables à la tentative (§-1), à la complicité (§-2) ou à la coaction (§-3) ainsi qu'à la récidive (§-5). Comme en droit commun, il convient encore de s'interroger sur l'application dans l'espace des règles relatives à l'évasion (§-5). Est en revanche moins courante la possibilité pour les délateurs d'obtenir des réductions ou même des exemptions de peine (§-6).

§. 1. Tentative

Rappelons qu'en matière correctionnelle, la tentative n'est punissable que si la loi le prévoit spécialement (C. pén., art. 121-4, 2°). Précisément, l'article 434-36 du même code énonce que « *La tentative des délits punis au présent paragraphe est punie des mêmes peines* ».

La tentative est naturellement définie selon les prescriptions de l'article 121-5 du code pénal. Notamment, il n'y a point de tentative en présence d'un désistement volontaire. Ceci n'empêche pas nécessairement la répression sur un autre fondement comme l'illustre cette affaire, tranchée en 2003 par la Cour d'appel de Douai (6 mai 2003, 4è ch., décision n° 2003/573, inédit, v. www.legifrance.gouv.fr). Les premiers juges avaient condamné un détenu à six mois d'emprisonnement pour tentative d'évasion par bris de prison. Celui-ci avait, avec l'aide d'un codétenu, creusé un trou dans le béton sous la fenêtre de la cellule. Manifestement peu professionnels, les deux comparses avaient fait beaucoup de bruit et s'étaient rétractés avant même de passer à l'acte. L'un d'eux, Christophe D. était allé trouver le gardien le lendemain, lui avait raconté, selon ses propres termes, « *leur connerie* » et lui avait demandé de venir constater les dégâts. Pour la Cour d'appel, il ne pouvait y avoir tentative puisque c'était bien volontairement que Christophe D. s'était désisté. En revanche, il devait être condamné pour dégradation volontaire d'un bien destiné à l'utilité publique et la peine de six mois devait être confirmée. Le changement de qualification n'était toutefois pas sans conséquence : alors que la peine de six mois pourrait être sur sa demande, confondue avec celle, modeste, de vingt mois qu'il purgeait, sur le terrain de l'évasion, le cumul aurait été obligatoire.

Il n'y avait en revanche pas de désistement volontaire dans cette autre affaire (Cass. Crim., 11 juin 1975, pourvoi n° 75-90235, *Bull. Crim.*, n° 150, *Rev. Sc. Crim.*. 1976, p. 407, obs. J. Larguier). Un détenu avait commencé à scier les barreaux. Cela avait fait du bruit ; aussi s'était-il arrêté et recouché. Les gardiens étaient arrivés et avaient découvert les stries sur les barreaux. L'intéressé prétendait qu'en se recouchant, il s'était volontairement désisté. Ceci fut écarté au motif que seul le bruit l'avait conduit à s'interrompre, ceci étant une « *circonstance indépendante de (sa) volonté* » au sens de l'article 121-5 du code pénal.

Constituait une telle circonstance l'arrivée d'un codétenu dans la cellule, interrompant le fait pour un prévenu de scier les barreaux (Cass. Crim., 3 oct. 1990, pourvoi n° 89-87120, inédit). Ce dernier tentait par ailleurs d'invoquer la notion d'infraction impossible en faisant observer que sa fenêtre donnait sur une cour d'où il aurait été particulièrement difficile de s'échapper, comme en avait attesté un enquêteur du SRPJ. Néanmoins, les juges estimèrent souverainement que si l'escalade du mur d'enceinte depuis la cour était difficile, elle n'en était pas pour autant impossible.

La tentative est également punissable en matière de connivence à évasion. L'article 434-36 vise tous les délits prévus au paragraphe consacré à l'évasion, ce qui inclut nécessairement les articles 343-32 et 434-33 du code pénal. Se posent alors les questions traditionnelles relatives aux limites du commencement d'exécution et du caractère volontaire ou non du désistement. L'illustre fort bien une décision rendue en 1996 (Cass. Crim., 3 sept. 1996, pourvoi n° 95-81086). Quatre individus avaient contacté deux pilotes séparément et leur avaient proposé 400 000 francs pour conduire un hélicoptère au-dessus de la prison des Baumettes et aider ainsi un détenu à s'évader. Rien ne devait toutefois se produire car les deux pilotes avaient refusé la proposition et, naturellement, dénoncé les quatre comparses. Ceux-ci furent condamnés pour tentative de connivence à évasion. Certes l'évasion elle-même n'avait pas commencé à se réaliser. En revanche, il y avait commencement d'exécution de l'infraction de connivence, consistant pour les comparses dans la prise de contact avec les pilotes. En outre, le désistement était naturellement involontaire et ne s'était produit que du fait des refus de ces derniers.

Cette affaire permet de révéler un autre intérêt du traitement autonome de la connivence : faute de début d'exécution de l'évasion elle-même, si la répression avait dû s'exercer sur le terrain de la complicité, elle aurait été vouée à l'échec. Cependant il y a bien une place pour la notion de complicité dans le cadre de l'évasion.

§. 2. Complicité

La notion de complicité est certes d'application limitée en raison même de la notion de connivence et, notamment, de celle prévue à l'article 434-32 du code pénal, laquelle englobe « *toute personne* » qui aiderait le détenu à s'évader. Il peut toutefois y avoir complicité de connivence à évasion ou à tentative d'évasion.

La jurisprudence a ainsi fourni une illustration de cette complexe hypothèse de complicité de tentative de connivence à évasion (Douai 21 oct. 2003, *JCP* 2004, II, 10115, note Maréchal, *Dr. pénal* 2004, 59, obs. Véron). Le détenu avait fait parvenir des renseignements à une personne libre, elle-même son complice qui avait à son tour recruté des exécutants et fourni des moyens de réaliser le délit. Ces derniers étaient quant à eux les auteurs de la tentative de connivence. Il ne s'agissait que de tentative, car finalement l'opération avait échoué du fait de l'arrivée des forces de police.

Le plus souvent les situations sont plus simples, plusieurs détenus agissant en tant que coauteurs.

§. 3. Coaction

D'ordinaire, sont en pratique coauteurs plusieurs détenus et auteurs de faits de connivence, des tiers agissant depuis l'extérieur. Il en allait ainsi dans cette affaire où un détenu fut condamné à deux ans d'emprisonnement pour complicité d'évasion, bien qu'il contestât sa participation. La chambre criminelle devait rejeter son pourvoi et valider en tous points le raisonnement des juges d'appel. C'est qu'un ensemble d'éléments permettait de retenir que celui-ci était bien coauteur des faits litigieux. En premier lieu, il avait utilisé le téléphone portable qui avait servi à passer des appels au-dehors pour préparer l'évasion et ce, durant neuf jours. En deuxième lieu, l'un des barreaux de sa cellule était scié. En troisième lieu et surtout, le demandeur au pourvoi avait suivi son codétenu dans sa fuite et l'avait accompagné dans la voiture qui les attendait tous deux au-dehors, ce, jusqu'en Albanie. Enfin il fut même relevé que tout au long du procès, il avait utilisé le pronom « nous » (Cass. Crim., 26 juin 2002, pourvoi n° 01-88231).

Parfois loin de se rendre dans un autre pays, le détenu s'évade depuis l'étranger.

§. 4. Evasion commise à l'étranger

L'évasion commise à l'étranger est punissable, en vertu de la loi pénale française, dès lors que, en application de l'article 113-6 du code pénal, le ou les auteurs sont français. En pareil cas, s'agissant d'un délit, la réciprocité est exigée (C. pén. art. 113-6).

Ainsi dans cette affaire déjà ancienne (Cass. Crim., 27 nov. 1968, pourvoi n° 68-92147, *Bull. Crim.*, n° 319), des corses, avaient été condamnés pour en avoir aidé un autre, détenu quant à lui, à s'évader d'une prison italienne. Ils avaient exercé à cette fin des violences sur les gardiens. Puis ils étaient rentrés en Corse où ils avaient été arrêtés. La compétence de la France était incontestable dès lors que, d'une part, les auteurs étaient français et que, d'autre part, la condition de réciprocité se trouvait bien réunie du côté du droit italien.

Cette condition est cependant parfois difficile à retenir et de petits arrangements peuvent alors être imaginés. Ainsi dans cette autre affaire (Cass. Crim., 9 nov. 1988, pourvoi n° 88-80716, *Bull. Crim.*, n° 385, *Gaz. Pal.*, 1989, n° 116-117, note J.P. Doucet), H. détenu de nationalité française s'était évadé d'une prison belge en descellant des briques du plafond de sa cellule, perçant ainsi un mur et détériorant la toiture de la prison. Réfugié en France, il fut poursuivi par les juridictions françaises. La condition de nationalité de l'auteur était bien réunie ; en revanche celle tenant à la réciprocité posait problème. C'est que la Belgique ne connaissait pas l'évasion par bris de prison. Aussi les poursuites s'exercèrent-elles sur le fondement non de l'évasion, mais de la destruction de monument d'utilité publique, infraction qui était bien prévue en droit belge. Bien qu'un peu grosse, la ficelle devait être admise par la Cour de cassation.

Si les règles de droit commun en matière de conflits de lois dans l'espace s'appliquent, il n'en va pas toujours de même en matière de récidive.

§. 5. Récidive d'évasion

L'acte d'évasion constitue-t-il le second terme de la récidive, les faits pour lesquels le détenu était incarcéré constituant le premier terme, dès lors, du moins, que la peine qui en résulte est définitive ? La réponse doit être négative. En effet, la jurisprudence a énoncé que l'évasion échappait aux règles ordinaires de la récidive (Cass. Crim., 14 avril 1864, *D* 1864, 1, 248 ; Lyon, 2 janv. 1884, *D* 1886, 2, 40). Ces solutions s'expliquent notamment par le fait que l'on ne retrouve pas, dans l'évasion, une répétition de la volonté criminelle, mais l'intention d'échapper à l'exécution de la sanction. Par ailleurs le législateur a préféré recourir au mécanisme du cumul des peines, pour aggraver la sanction encourue par les auteurs.

Il en va toutefois autrement en matière de récidive spéciale et temporaire, telle que prévue dans le cadre de l'article 132-10 du code pénal, dès lors que, à l'inverse, le premier terme de la récidive serait l'évasion elle-même (Cass. Crim., 18 mars 1904, *Bull. Crim.*, n° 152).

§. 6. Exemption et réduction de peine de peine

Dans le but de favoriser l'information relative à la préparation d'une évasion, le législateur a créé deux mécanismes : d'une part, l'exemption de peine, d'autre part la réduction exceptionnelle de peine. Leur nature juridique est radicalement différente : alors que l'exemption est prononcée par le juge répressif au moment de prononcer la peine, la réduction relève de la compétence d'une juridiction de l'application de peines déjà définitives.

A. Exemption spéciale de peine

La technique de l'exemption de peine, qui s'est développée considérablement en droit positif, du fait de la loi Perben 2, n'est cependant pas nouvelle. Elle s'appliquait déjà en matière d'évasion, sous l'empire de l'ancien code pénal. L'article 245 s'appliquait ainsi à « *toute personne qui a tenté de commettre, en qualité d'auteur ou de complice, l'une des infractions prévues au présent paragraphe* » et qui « *ayant averti l'autorité judiciaire ou l'administration pénitentiaire,… a permis d'éviter que l'évasion ne se réalise* ».

L'article 434-37 du code pénal situé à la fin du paragraphe consacré à l'évasion est en conséquence applicable à l'ensemble des qualifications, que ce soit à l'évasion par nature, à l'évasion par assimilation ou à la connivence à évasion, et que les formes en soient simples ou aggravées. Il confirme d'ailleurs s'appliquer à « *l'une des infractions prévues au présent paragraphe* ».

Il promet une exemption de droit (: utilisation de l'indicatif présent : « *sera exempté* »).

Les conditions en sont classiques : la personne doit avoir averti l'autorité judiciaire ou l'administration pénitentiaire ; elle doit en outre avoir « *permis d'éviter que l'évasion ne se réalise* ».

Les dispositions relatives à l'exemption, que ce soit du temps de l'ancien code pénal ou du nouveau n'ont quasiment pas fait l'objet de jurisprudence. Ceci s'expliquait sans doute d'abord par ses conditions restrictives. La personne qui souhaite s'évader n'a nul intérêt à dénoncer ses coauteurs potentiels alors qu'elle envisage de se désister. C'est qu'elle reste pour autant incarcérée et prend de sérieux risques de représailles. L'obtention d'une éventuelle exemption, incertaine, prend en outre un certain temps.

En outre elle ne concerne que les faits de tentative d'évasion et non la peine qui était en cours.

Inversement, celui qui finirait par participer aux faits mais dénoncerait ses complices serait punissable (Cass. Crim., 7 mai 1951, *Bull. Crim.*, n° 134, *D.* 1951, 451, *JCP* 1951, II, 6440, note Colombani). Autant dire que les conditions du succès ne sont guère réunies.

Seule une gratification au titre de la peine subie ou à subir présenterait un intérêt quelconque.

B. Réduction exceptionnelle de peine

C'est précisément l'un des objets de la réduction de peine dite exceptionnelle qui a été créée par la loi Perben 2 et insérée à l'article 721-3 du code de procédure pénale. Il s'agit cette fois d'un aménagement de peine prononcé par la juridiction collégiale compétente en la matière, le tribunal de l'application des peines.

L'article 721-3 prévoit l'octroi d'une réduction de peine conséquente susceptible de s'appliquer à un détenu qui dénoncerait des faits visés aux articles 706-73 et 706-74 du code de procédure pénale. Les listes figurant à ces textes sont également issues de la loi Perben 2. Elles concernent toutes des faits commis en réseau. L'article 706-73 ne vise à aucun moment l'évasion. Seulement celle-ci peut être concernée partiellement du fait de l'article 706-74 qui vise en 1° les crimes et délits non mentionnés à l'article 706-73 qui seraient commis en bande organisée. Aussi la réduction exceptionnelle de peine ne peut-elle s'appliquer à toutes les formes d'évasion, mais uniquement à celles qui sont commises en bande organisée. Il s'agit seulement des faits d'évasion par nature ou par assimilation depuis un établissement hospitalier, commis en bande organisée, visés à l'article 434-30 du code pénal et faisant encourir une peine d'emprisonnement de dix ans ainsi que 150 000 euros d'amende.

Malgré son domaine particulièrement étroit, la réduction exceptionnelle de peine ne vient pas, à l'inverse de l'exemption, supprimer la peine pour évasion. Elle porte sur les faits pour lesquels la personne est déjà incarcérée. En ce sens, elle est plus intéressante.

Le moment de la déclaration est relativement souple. L'intéressé peut aussi bien la faire avant sa propre condamnation ou ultérieurement. S'il la fait après, la technique devant par hypothèse porter sur une peine définitive, comme toute réduction de peine, ne sera appliquée qu'une fois son statut juridique ainsi fixé.

Elle ne permet toutefois pas une disparition pure et simple de la sanction. Elle l'ampute, comme toute réduction de peine (v. par ex. C. pr. pén., art. 721 et 721-1). Le quantum de cette réduction est toutefois particulièrement intéressant. Il peut aller jusqu'à un tiers de la peine prononcée ; s'agissant des réclusionnaires à perpétuité, il prend la forme d'une réduction du temps d'épreuve à hauteur de cinq ans.

La réduction exceptionnelle de peine a toutefois en commun avec l'exemption l'obligation pour son bénéficiaire de faire des déclarations à l'autorité administrative ou judiciaire. De la même manière, cette déclaration doit permettre *« de faire cesser ou d'éviter la commission »* de l'infraction.

A la différence toutefois de l'exemption de peine, la réduction, n'est pas de droit, l'article 721-3 du code de procédure pénale utilisant à cet égard le verbe pouvoir. Ceci participe de sa quasi inapplication.

D'autres raisons l'expliquent. Au rang de celles-ci, et principalement, se trouve être la visibilité que donne la récompense de la délation à celle-ci. Or, dans un univers fermé et peu enclin au pardon face à ce type de comportement, ceci revient à placer l'intéressé dans une situation de danger physique réel.

Au demeurant, le cadeau sera illusoire s'agissant des condamnés à la réclusion criminelle à perpétuité. En effet, une réduction de temps d'épreuve, même portée à cinq ans, a pour seul effet de donner à l'intéressé la possibilité de demander une libération conditionnelle au bout de treize ans au lieu de dix-huit ans, s'il est primaire et au bout de dix-sept ans au lieu de vingt deux ans, s'il est récidiviste (v. C. pr. pén., art. 729, al.3). Quelle juridiction prendra le risque de l'élargir de manière anticipée, spécialement à l'époque actuelle ?

Si l'on ajoute à cela l'incertitude quant à l'issue de la demande, qui peut être rejetée ou peut ne porter que sur une partie de la réduction prévue, peu de détenus y verront une opportunité.

De ce fait, il n'y a quasiment pas eu de jurisprudence en la matière. Elle ne concerne d'ailleurs pas directement l'évasion. Il a ainsi été jugé qu'un condamné ne pouvait bénéficier de la réduction exceptionnelle de peine, dès lors qu'il avait dénoncé des faits de pédophilie, lesquels ne rentrent pas dans les listes des infractions visées aux articles 706-73 et 706-74 du code de procédure pénale (Cass. Crim., 24 mai 2006, *Bull. Crim.*, n° 148, *AJpénal* 2006, obs. C. Girault).

L'auteur de l'évasion, lui, risque assurément des peines particulièrement élevées.

Section. 3. Peines encourues

Des peines sévères viennent réprimer l'évasion par nature ou par assimilation ainsi que la connivence à évasion, particulièrement en présence des diverses causes d'aggravation prévues par la loi. La dureté de la loi se traduit en outre par la règle du cumul, dérogatoire au droit commun.

§. 1. Peines réprimant l'évasion par nature

Depuis la loi Perben 2, il existe, en plus de l'évasion simple, consistant dans le seul fait de se soustraire à la garde, plusieurs niveaux d'évasion aggravée.

Pour l'évasion simple, la peine encourue est de trois ans d'emprisonnement et de 45 000 euros d'amende (C. pén., art. 434-27, al. 2). S'il n'était le principe du cumul que nous étudierons au paragraphe 4, la sanction serait encore relativement modeste.

Elle est néanmoins aggravée, par rapport au droit antérieur, en présence d'une évasion s'accompagnant de ce qui constituait naguère encore les éléments constitutifs de l'évasion simple, soit la violence, l'effraction ou la corruption. La peine est en effet alors portée à cinq ans d'emprisonnement et 75 000 euros d'amende (C. pén., art. 434-27, al. 3).

Mais le législateur a encore prévu deux autres seuils d'aggravation à l'article 434-30 du Code pénal.

En application du premier alinéa, la peine passe à sept ans d'emprisonnement et 100 000 euros d'amende, lorsque l'infraction est commise « *sous la menace d'une arme ou d'une substance explosive, incendiaire ou toxique* ».

En vertu de l'alinéa 2, la peine est encore portée à dix ans d'emprisonnement et 150 000 euros d'amende lorsqu'il « *a été fait usage d'une arme ou d'une substance explosive, incendiaire ou toxique* ».

Il en va de même de la circonstance tenant à la commission des faits « *en bande organisée, que les membres de cette bande aient été ou non détenus* » qui existait déjà avant la loi Perben 2 (mais dans une autre formulation), mais pour laquelle la peine était alors de seulement sept ans et qui passe ainsi à dix ans.

L'on retrouve certaines de ces formes d'aggravation dans la répression de l'évasion par assimilation.

§. 2. Peines réprimant l'évasion par assimilation

Dans le cas de l'évasion par assimilation simple, prévue à l'article 434-29 du code pénal, les peines sont les mêmes que pour l'évasion par nature, telles que prévues à l'article 434-27. Il est en effet seulement dit à l'article 434-29 qu'il y a aussi « *évasion punie des mêmes peines* ».

L'aggravation de la peine tenant à la violence, à l'effraction ou à la corruption est susceptible de s'appliquer également. Toutefois, cette circonstance sera rare, compte tenu des causes mêmes de l'assimilation, si ce n'est dans le 1°, de l'article 434-29, soit celui du détenu hospitalisé.

Les formes aggravées de l'évasion traitées à l'article 434-30 ne sont applicables, quant à elles, que dans le cas du 1° de l'article 434-29, soit lorsque le détenu est hospitalisé.

Ce texte ne concerne en revanche pas la connivence à évasion.

§. 3. Peines réprimant la connivence à évasion

Du temps de l'ancien code pénal, les peines applicables aux tiers auteurs de faits de connivence variaient selon la gravité des faits reprochés au détenu. Aujourd'hui elles dépendent d'abord, d'une part, du type de personne qui en est l'auteur, et ensuite seulement, d'éventuelles circonstances aggravantes.

Dans le cas de la connivence par tiers ordinaire, sous sa forme simple, la peine encourue est de trois ans d'emprisonnement et de 45 000 euros d'amende (C. pén., art. 434-32, al. 1).

Si toutefois le concours est apporté par violence, effraction ou corruption, la peine est portée à cinq ans d'emprisonnement et 75 000 euros d'amende (C. pén., art. 434-32, al. 2).

Si le concours consiste en « *la fourniture ou l'usage d'une arme ou d'une substance explosive, incendiaire ou toxique* », cas d'aggravation que nous avons déjà vu *supra* à propos de l'article 434-30 du code pénal, les peines passent de la même manière à dix ans d'emprisonnement et à 150 000 euros d'amende (C. pén., art. 434-32, al. 3).

Dans le cas de la connivence par professionnel, prise en ses deux catégories visées à l'article 434-33 alinéa 1 et 2 (personnels de surveillance et personnes en mission en détention ou ayant accès aux détenus), la peine est d'emblée de dix ans d'emprisonnement et de 150 000 euros d'amende (C. pén., art. 434-33, al. 1).

Une seule cause d'aggravation est prévue à l'article 434-33 alinéa 3. Il s'agit du concours apporté par la «*fourniture ou l'usage d'une arme ou d'une substance explosive, incendiaire ou toxique'* ». La peine est alors de nature criminelle, puisqu'elle est portée à quinze ans de réclusion et à 225 000 euros d'amende.

A la sévérité des peines elles-mêmes, s'ajoute leur cumul de principe.

§. 4. Principe du cumul des peines

La sévérité de la répression de l'évasion ne se manifeste pas seulement par les peines qui peuvent être prononcées. Elle s'exprime par une règle dérogatoire au droit commun, celle du cumul des peines, laquelle participe, nous l'avons vu en introduction, de la chronicité de l'évasion chez un certain nombre de détenus. Bien que son domaine soit strictement limité, à certaines conditions bien précises et que la jurisprudence respecte pour l'occasion la règle de l'interprétation stricte, son caractère criminogène milite, à notre sens, pour sa suppression pure et simple ou, à tout le moins, pour l'instauration d'une procédure permettant d'en obtenir le relèvement.

A. Domaine d'inclusion

L'article 434-31 du code pénal dispose que, par exception au droit commun, les peines prononcées à raison de l'évasion se cumulent obligatoirement avec celles que l'évadé subissait ou qui sont prononcées à raison de l'infraction pour laquelle il était détenu. Le domaine d'inclusion précis de cette règle d'exception doit être explicité.

La peine prononcée à raison de l'évasion ou de sa tentative se cumule d'abord avec les peines que purgeait déjà l'intéressé lors de son évasion. Dans ce cas, son statut était déjà celui d'un condamné.

Lorsque la peine était définitive, alors l'évasion a un effet suspensif sur l'exécution de la peine (Cass. Crim., 6 juin 1972, *Bull. Crim.*, n° 189, *JCP* 1972, IV, 192). Concrètement, ce temps s'ajoute après la dernière peine portée à l'écrou ou après la peine prononcée à raison des faits pour lesquels l'intéressé était détenu (voir cas ci-après). Il faut prendre en compte, pour la détermination de cette durée, la date de l'évasion, celle de la réincarcération, moins une journée, l'usage voulant que les dates de l'évasion et de la réincarcération soient décomptées au profit de l'intéressé (en ce sens Direction de l'administration pénitentiaire, *Le Guide des greffes*, 2007, p. 108). Il est à noter que la période de sûreté étant indissociable de la peine, celle-ci est suspendue également du fait de l'évasion. Lorsque l'évadé est repris et condamné, il doit subir d'abord la peine prononcée pour l'évasion et, dans la suite, la peine qu'il purgeait précédemment, laquelle est reprise là où elle avait été laissée (Cass. Crim., 17 juin 1831, Dalloz Jurisprudence gén., V° Peine, n° 126-7 et 167). Cette solution ne paraît pas praticable dans le cas où il est poursuivi pour évasion par assimilation. Il y a alors retour en prison sur la base d'un retrait ou d'une révocation de mesure par le Jap. C'est donc la peine d'emprisonnement qui faisait l'objet d'un aménagement qui doit s'exécuter logiquement d'abord, puis, ensuite seulement, celle prononcée pour évasion.

Le cumul ne concerne toutefois pas que les personnes qui étaient déjà condamnées. Il porte aussi sur les peines que l'intéressé aura à purger à raison des faits pour lesquels il était détenu lors de son évasion.

Toute autre situation est en revanche exclusive du cumul de sanctions de nature pénale.

B. Domaine d'exclusion

Il a été jugé de manière constante que la règle du cumul n'était pas applicable aux infractions que commettrait l'intéressé après son évasion. La commission de nouvelles infractions est courante : assurer sa fuite suppose souvent la commission d'infractions (vol de voiture, etc.) ; demeurer « en cavale » suppose un budget particulièrement élevé (obligation de payer en argent liquide, d'acheter le silence, etc.). Dans le même temps, il est impossible à l'intéressé d'exercer un emploi déclaré, sous peine de devenir « visible » (v. cep. l'exceptionnel parcours de Simon D., *Contumax*, Ed. J. Bertouin, 1991). Tel était le cas de ce détenu D, prévenu de vol, qui s'était évadé de la maison d'arrêt de Loos, en 1964, en sciant un barreau. Dehors, il déroba trois voitures. L'arrêt attaqué retenait une peine pour chaque infraction, soit un an pour l'évasion et dix-huit mois pour les vols. Au contraire, le principe du cumul étant inapplicable, les juges du fond auraient dû ne prononcer qu'une seule peine pour ces délits et retenir alors la peine la plus forte, comme en droit commun (Cass. Crim., 23 février 1965, pourvoi n° 64-92125, *Bull. Crim.*, n° 55, *Gaz. Pal.* 1965, 1, 383). La cassation fut également prononcée dans une affaire concernant un détenu évadé de la maison d'arrêt de Montargis, par bris de prison et violence. Il était alors prévenu pour vols, homicide et blessures involontaires. Au dehors il commit un vol de cyclomoteur avec violence, dans le but d'assurer sa fuite. Il fut condamné à deux ans pour l'évasion et, en cumul, à six mois pour le vol. Les juges du fond ne pouvaient ainsi additionner ces deux peines et auraient dû n'en prononcer qu'une seule, la plus forte, en application du droit commun (Cass. Crim., 27 mai 1972, pourvoi n° 72-90464, *Bull. Crim.*, n° 112).

Les juges du fond devaient finir par se plier à ces limites strictes. Ainsi, la Cour d'appel de Grenoble (25 oct. 1996, *JCP* 1997, IV, n° 2056) n'avait-elle prononcé qu'une seule peine pour, d'une part, une évasion par assimilation (prendre la fuite à bord d'un véhicule dans le cadre d'un chantier extérieur) et, d'autre part, la mise en danger commise par l'intéressé à l'occasion de la fuite.

Il importe peu, en la matière, que les faits soient poursuivis séparément ou en même temps (Cass. Crim., 21 mars 1989, *Bull. Crim.*, n° 141, *Rev. Sc. crim.*, 1990, 61, obs. Vitu).

En droit strict, il n'existe pas d'interdiction générale de confondre entre elles plusieurs peines pour évasion. L'article 434-31 prévoit le cumul entre, d'une part, la peine prononcée pour l'évasion et celle prononcée pour les faits à raison desquels il était détenu. La question de la pluralité de peines prononcées pour évasion n'est pas envisagée. Tout au plus, le cumul doit-il s'appliquer si, au moment où l'évasion a lieu, la peine qui était en train d'être purgée était précisément une peine prononcée pour évasion. Cependant, la chambre criminelle en a jugé autrement (Cass. Crim., 10 mai 2001, pourvoi n° 00-84730, inédit titré). Néanmoins, la confusion devait ici être refusée, non sur la base d'une analyse de principe distincte, mais parce que la peine prononcée pour la première évasion (deux ans) était devenue définitive lorsque les faits qui avaient motivés la seconde (tentative : 2 ans et 6 mois) avaient été commis. Dans cette affaire, il ne pouvait pas plus y avoir de confusion avec la troisième peine prononcée pour vol avec arme et séquestration cette fois (20 ans de réclusion criminelle), en raison des dispositions précises de l'article 434-31.

De manière plus favorable, il n'y a naturellement pas d'obstacle à la confusion d'autres peines que celles pour lesquelles l'intéressé était détenu lors de son évasion avec la peine prononcée pour évasion. Ainsi pouvait-on confondre une peine prononcée pour tentative d'évasion avec la peine de dix ans d'emprisonnement, elle-même issue de la confusion de deux autres peines, l'une de dix ans résultant de la confusion d'une peine de neuf ans pour proxénétisme et d'une peine de cinq ans pour violence volontaire avec arme et port d'arme. En effet, ces deux peines n'étaient pas celles à raison de laquelle l'intéressé était détenu lors de sa tentative d'évasion (*Cass. Crim., 5 fev. 1992*, *Bull. Crim.*, n° 53). C'est que, comme le soulignait la Cour, il convient d'interpréter strictement la règle du cumul, qui est dérogatoire au droit commun.

C. Application étroite du cumul

L'article 434-31 du code pénal, qui retient la règle du cumul, est onc nécessairement d'application étroite puisqu'il consacre une règle contraire au principe, inverse, du non cumul des peines. Ainsi ne vise-t-il tout d'abord que le délit d'évasion et non celui de connivence à évasion. (Cass. Crim., 16 janvier 2008, pourvoi n° 07-81.289, *AJpénal* 2008, p. 135, obs. M. Herzog-Evans).

Le principe de l'interprétation stricte n'est cependant pas toujours appliqué avec la même rigueur. Ainsi, dans une autre décision récente, (Cass. Crim., 13 juin 2007, *AJpénal* 2007, p. 533, obs. M. Herzog-Evans) la Cour avait-elle retenu que pouvaient être cumulés entre eux les résultats des cumuls entre des peines prononcées pour évasion et des peines prononcées à raison d'autres faits.

Dans son domaine d'application, l'article 434-31 ne connaît par ailleurs nulle dérogation. Toute requête en confusion est ainsi systématiquement rejetée (Cass. Crim., 4 juill. 1989, pourvoi n° 89-81323, *Bull. Crim.*, n° 284 ; Cass. Crim., 17 oct. 2001, pourvoi n° 01-82352, inédit ; Cass. Crim., 27 fév. 2001, pourvoi n° 00-84404, inédit ; Limoges, 3 avr. 2003, publié par le service de la Documentation et d'études de la Cour de cassation avec comme ref. le n° de pourvoi dans cette affaire : 57).

Par ailleurs, pour l'application de la règle du cumul, la Cour de cassation exige que les juges du fond caractérisent bien quelles sont les infractions et les peines qui leur sont rattachées. La cassation est prononcée, faute d'indication précise de ce que la détention du détenu était motivée par l'infraction poursuivie concurremment avec le délit d'évasion (Cass. Crim., 9 fev. 1971,

Bull. Crim., n° 44, *D.* 1972, somm. 199, *Gaz. Pal.* 1972, 2, 600, *Rev. Sc. crim.*, 1973, 113, obs. Vitu).

De même, une Cour d'appel ne pouvait rejeter la demande de confusion de l'auteur d'une tentative d'évasion sur le fondement de la règle que retenait l'article 245 de l'ancien code pénal, sans préciser à raison de quelle infraction il était alors détenu. Etaient en cause deux peines, l'une de douze ans de réclusion criminelle (pour vols qualifiés) et l'autre, de quatre mois d'emprisonnement pour tentative de vol (Cass. Crim., 26 fev. 1974, pourvoi n° 73-91611, *Bull. crim.*, n° 80).

Il n'en irait différemment que si la détention était fondée sur une condamnation devenue définitive. En effet, dans cette situation, l'on devrait supposer que la juridiction pénale venant réprimer l'évasion serait nécessairement informée de condamnations inscrites au casier judiciaire (Cass. Crim., 4 nov. 1948, *Bull. Crim.*, n° 252, *D.*1949, 3, *JCP* 1949, II, 4751, note Colombini).

Le cumul de plusieurs condamnations pénales est une règle d'autant plus sévère, que l'intéressé va également devoir subir d'autres types de sanction.

Section. 4. Autres sanctions

L'évadé repris ou auteur d'une tentative, subit d'abord immanquablement des sanctions disciplinaires (§-1). Il peut encore subir des sanctions quasi disciplinaires prononcées par l'administration pénitentiaire (§-2) et peut avoir, à son retour en prison, perdu tout ou partie de ses biens (§-5). Il risque fort de voir également prononcer à son encontre des sanctions d'application de la peine (§-3). Il pourrait en outre avoir à réparer le préjudice éventuellement causé (§-4).

§. 1. Sanctions disciplinaires

L'évasion constitue également une faute disciplinaire pénitentiaire prévue à l'article D 249-1-6° du code de procédure pénale. Il s'agit d'une faute de premier degré, i.e. le plus haut degré de faute de cette nature, laquelle fait encourir diverses sanctions et notamment le maximum de quarante-cinq jours de cellule disciplinaire ou de confinement.

Le code de procédure pénale ne renvoie pas directement aux articles 434-27 et suivants du code pénal. Il se borne à viser le fait de « *participer à une évasion ou à une tentative d'évasion* » sans en donner une définition qui soit propre à la matière disciplinaire. Dans le même temps, il est bel et bien fait référence au concept d'évasion. Dès lors, il nous semble que cette notion doit être entendue de la même manière qu'en matière pénale. Toute autre solution aurait pour résultat de laisser l'administration pénitentiaire totalement libre de la délimitation de cette qualification, ce qui serait naturellement contraire au principe de légalité, qui doit pourtant être observé en la matière, comme l'admet expressément une circulaire AP du 2 avril 1996 (sur ces questions, v. M. Herzog-Evans, *Droit de la sanction pénitentiaire*, Dalloz, 2004).

Ainsi entendue, l'évasion disciplinaire pourrait être définie conformément aux articles 434-27 à 434-30 du code pénal, sous ses formes simples comme aggravées. Le renvoi aux définitions pénales est d'ailleurs corroboré par la circulaire AP du 2 avril 1996, qui énonce à l'article 2.2.1. « *Il convient ici de prendre en compte la définition pénale de l'évasion [C. pén., art. 434-27 s.]* ».

Cependant, la circulaire réservait l'hypothèse du simple retard, qualifié de « fugue ». La possibilité d'appliquer à des faits d'évasion par assimilation survenus à l'extérieur des établissements, les sanctions disciplinaires prévues aux articles D. 249-1 et suivants est toutefois confirmée par l'article D. 249-4 du Code de procédure pénale, texte qui dispose que ces faits «*constituent des fautes disciplinaires même lorsqu'ils sont commis à l'extérieur de l'établissement pénitentiaire.* » Ceci peut même valoir pour une extraction judiciaire. Tel était le cas dans une affaire, où un détenu avait tenté de s'évader du tribunal correctionnel devant lequel il comparaissait (TA Rennes, 9 avr. 2003, *P…*, req. n° 01-604, inédit.)

Avant que n'intervienne la loi du 9 mars 2004, la question pouvait se poser de savoir si, lorsqu'un détenu s'était soustrait à la garde à laquelle il était soumis, sans recourir à la violence, à une effraction ou à une corruption, faits non punissables pénalement, il pouvait néanmoins être poursuivi sur le plan disciplinaire. A s'en tenir à une stricte équivalence du droit disciplinaire et pénal, la réponse devait être négative. La circulaire AP du 2 avril 1996, admettait néanmoins l'indépendance du droit disciplinaire, bien qu'elle qualifiât ici encore les faits de simple « fugue ».

Moins regardant que le juge pénal quant au principe de légalité, le juge administratif, compétent pour connaître des recours contre les sanctions pénitentiaires, avait tranché à plusieurs reprises pour l'autonomie de sa discipline et, partant, des qualifications en cause. Ainsi, dans une affaire *Piazza* (TA Marseille, 5 nov. 1996, cité dans M. Herzog-Evans et J.-P. Céré, « La discipline pénitentiaire : naissance d'une jurisprudence », *D.* 1999, chron. p. 509 s., spéc. p. 511), ce détenu s'était-il évadé du fourgon cellulaire qui le conduisait au Palais de justice. Il contestait la sanction disciplinaire de trente jours, qui lui avait été infligée, en invoquant qu'aucune poursuite pénale n'avait pu être engagée contre lui, l'article 434-27 du Code pénal ne retenant alors pas l'évasion par ruse. Le tribunal administratif devait écarter ce raisonnement et renvoyer au principe de l'indépendance des procédures. Une même analyse devait être reprise à l'occasion d'un jugement *Temagoult* (TA Rouen, 1er févr. 2000, Temagoult, *D.* 2001, chron. p. 565, M. Herzog-Evans).

La loi du 9 mars 2004 aura eu au moins le mérite d'aligner le régime de l'évasion pénale sur celui de l'évasion disciplinaire, puisque désormais, même sans violence, effraction ou corruption celle-ci est également punissable en matière pénale.

Il est par ailleurs nécessaire de s'interroger sur l'éventuelle nécessité d'un élément intentionnel. Pas plus pour l'évasion que pour les autres qualifications prévues aux articles D 249-1 à D 249-3 du code de procédure pénale, le droit disciplinaire ne donne la moindre indication à cet égard. Il nous semble qu'il convient en conséquence de raisonner comme en matière pénale et de retenir qu'un élément intentionnel est nécessairement requis, sauf indication expresse contraire. Au demeurant, le tribunal administratif de Caen a annulé la sanction infligée à un détenu qui était rentré en retard de permission suite à un contrôle policier sur le chemin du retour (TA Caen, 10 oct. 2000, *Leblouch*, req. n° 00-125, *D.* 2002, p. 115, chron. M. Herzog-Evans).

L'article D. 249-1-6° vise non pas le fait de commettre une évasion, mais celui de « *participer* » à celle-ci ou à sa tentative. Cette disposition compréhensive permet naturellement de poursuivre tous les coauteurs. Cela ne permet pas de viser les auteurs de connivence à évasion. C'est en réalité sur le terrain, plus simple, de la complicité que le sort de ces derniers, qui auraient le statut de détenu, a été traité. L'article D. 249-1-9° du Code de procédure pénale prévoit en effet en termes généraux, que celui qui incite le détenu à commettre l'une quelconque des fautes visées à l'article D. 249-1 encourt les mêmes sanctions. Il faut aussitôt relever que le droit disciplinaire ne permet pas de sanctionner des formes pourtant classiques de complicité, comme la fourniture de moyen ou les instructions.

La sanction qui peut aller jusqu'à quarante-cinq jours de cellule disciplinaire ou de confinement en cellule individuelle (C. pr. pén., art. D. 251-3, al. 3 et D. 251-2, al. 2) s'ajoute aux sanctions pénales sans confusion possible. Il est fréquent qu'en la matière la sanction effectivement prononcée soit lourde. Faute pour le droit disciplinaire de prévoir des distinctions entre les formes simples ou aggravées des qualifications qu'il énumère, la sanction encourue est théoriquement la même quelles que soient les modalités d'exécution de l'évasion. Cependant, dans la pratique, le chef d'établissement en tient naturellement compte pour la fixer.

Le détenu encourrait certes d'autres sanctions générales comme l'avertissement, l'interdiction de recevoir des subsides durant au maximum deux mois ou la privation d'achat en cantine durant au maximum deux mois (C. pr. pén., art. D. 251).

Signalons que le droit disciplinaire ne prévoit pas de prescription, que ce soit en matière de poursuite ou de sanctions. La question n'est pas théorique. Dans l'affaire *Piazza* précitée, il s'était écoulé un an et un mois depuis les faits, au moment où il avait été repris. Dans l'affaire *Temagoult* également précitée, la sanction disciplinaire avait été prononcée plus de deux ans après les faits. Aussi le droit disciplinaire permet-il de poursuivre l'évasion sans limite aucune dans le temps, au contraire du droit pénal. De même, un détenu qui aurait été sanctionné disciplinairement pour un autre fait et s'évaderait, pourrait théoriquement avoir à purger cette sanction une fois repris.

L'addition de sanctions ne s'arrête en général pas au prononcé de sanctions pénales et disciplinaires.

§. 2. Sanctions quasi-disciplinaires

L'administration pénitentiaire dispose d'autres types de sanctions que celles prévues aux articles D 251 et suivants du code de procédure pénale. Elle peut être tout particulièrement tentée d'y recourir en matière d'évasion, le type même de fait qui remet l'institution en cause, comme nous l'avons vu au début de cet ouvrage. Les sanctions quasi disciplinaires ne requièrent pas le suivi d'une procédure aussi contraignante et leur durée peut être le cas échéant beaucoup plus longue. En pratique, elles s'imposeront en plus de la sanction disciplinaire, une fois celle-ci purgée.

Un premier niveau de sanction est constitué par le changement d'affectation ou « transfèrement » imposé vers un autre type d'établissement, souvent à régime de sécurité plus élevé. Un tel transfèrement pourra d'ailleurs se répéter, afin de limiter les possibilités de préparation de nouvelles tentatives. L'aspect coercitif du transfèrement réside dans ses conséquences : éloignement des proches et ainsi limitation ou suppression des visites, interruption d'éventuelles formations, d'un travail, de projets divers. Il peut aussi tenir en la sévérité accrue du régime du nouvel établissement, spécialement lorsqu'il s'agit de passer d'un centre de détention à une maison centrale ou à une maison d'arrêt, comme l'a récemment enfin retenu le Conseil d'Etat (n° 290730,

L'évadé, particulièrement dans le cas de l'évasion par nature sera souvent en outre l'objet d'un placement à l'isolement. Il s'agit tout à la fois de réduire tout ressort rebelle chez l'intéressé, en brisant sa résistance et de rendre, ici encore, plus difficile la commission d'une nouvelle tentative d'évasion. C'est que l'intéressé ne dispose alors plus de contacts, et donc de soutien éventuel, avec le reste de la population placée sous main de justice. Le caractère afflictif de l'isolement ressort précisément de cette absence de contacts humains, qui, sur une longue durée, conduisent à un accablement mental. Il réside dans une privation de toute activité sociale qui aurait pourtant permis de préparer son insertion future. Pour autant, comme pour le transfèrement, le juge administratif l'a qualifié longtemps de simple mesure d'ordre intérieur, partant insusceptible de recours (CE, 8 déc. 1967, *Kanayakis*, *Rec. CE*, p. 475, C. Giudicelli et A.-M. Morais, *Contentieux administratif des détenus*, Min. Justice, Direction de l'administration pénitentiaire, « Travaux et documents », n° 54, p. 72 ; CE, 28 fév. 1996, *Fauqueux*, *Rev. Sc. Crim.* 1997, p. 447, obs. P. Poncela, *LPA* 23 juin 1997, p. 16, note M. Herzog-Evans ; CE, 6 juin 2001, *Segura D.* 2001, p. 2785, note M. Herzog-Evans). Néanmoins, le Conseil d'Etat a fini par prendre la mesure coercitive de cette mesure (CE, 30 juill. 2003, *Remli*, *D.* 2003, p. 2331, note M. Herzog-Evans, *AJpénal* 2003, n° 2, p. 74, obs. P. Remillieux , *AJDA* 2003, p. 2090, note D. Costa).

C'est particulièrement dans le cas des évadés ou auteurs de tentatives que les placements en isolement s'avèrent les plus longs. Ainsi dans un jugement *Abdelhamid H.*, rendu par le tribunal administratif de Paris, le 12 mai 2005 (décisions n° 04017807 et 0418252) était-il pris acte de ce que celui-ci avait été placé en isolement sans discontinuer depuis novembre 2000 au moment où statuait la juridiction. Celle-ci, et c'était une rupture par rapport à la jurisprudence antérieure, énonçait que cette mesure avait eu un effet psychologique déjà délétère sur la personne du détenu, et que la prolonger plus avant aggraverait son état.

Aux sanctions pénales, disciplinaires et quasi disciplinaires, vont encore s'ajouter des sanctions d'application de la peine.

. §. 3. Sanctions d'application de la peine

Un quatrième niveau de sanction attend l'évadé (S. Céribac, « Evasion et mesures d'aménagement de la peine », *Rev. pénit.* 2003, p. 489). Il faut toutefois ici distinguer selon qu'il se trouvait derrière les barreaux ou hospitalisé ou qu'il bénéficiait d'un aménagement de peine ou d'une peine restrictive de liberté.

A. Sanctions applicables à l'auteur détenu

S'agissant d'un évadé dont le statut était déjà celui de détenu et, qui plus est, d'un condamné, les juridictions de l'application des peines seront tout d'abord plus réticentes à prononcer des aménagements de peine, spécialement lorsque l'infraction est récente. Plus le temps passe et plus l'évolution de l'intéressé est favorable et moins celle-ci compte dans la prise de la décision.

Au-delà de cette inévitable prise en compte, les juridictions de l'application des peines ne sont pas les juges naturels de l'évasion. Elles pourraient toutefois être directement sollicitées pour en tirer des conséquences punitives par les autorités en charge à la fois de l'ordre public et de l'ordre interne aux établissements pénitentiaires. En effet en cas de « *mauvaise conduite* » du condamné, le Jap pourrait être saisi par le procureur de la République ou par le chef de l'établissement pénitentiaire à fin de retrait des crédits de réduction de peine précédemment accordés, ce à hauteur de trois mois pour une année ou de sept jours par mois au maximum (C. pr. pén., art. 721, al. 3). Une telle sanction conduit donc à allonger la durée de la peine qui sera effectivement purgée. Cette durée est naturellement cumulative avec la peine prononcée pour l'évasion.

Cette sanction particulière n'est pas sans soulever quelques critiques. D'abord au regard du principe de non-cumul des peines. Certes la sanction du Jap n'est pas, en droit français, tenue pour être de nature pénale. Il n'est cependant pas certain que le juge européen s'en tiendrait à cette vision étroite (sur cette question, v. M. Herzog-Evans, *Droit de l'exécution des peines, op. cit.* spe. n° 222.40 s.) D'ailleurs, le résultat est bien un cumul de périodes de détention à effectuer. Reste que le juge national ne voit aucune difficulté juridique quant à ce cumul, y compris lorsqu'il s'ajoute encore à une sanction disciplinaire pénitentiaire (Cass. Crim., 27 mars 1997, *Bykowski*, *Bull. Crim.*, n° 128, *Rev. Sc. Crim.*, 1997, 830, obs. B. Bouloc, *Rev. Pénit.* 1998, 71, note M. Herzog-Evans).

Mais l'enjeu de la qualification de l'action du Jap est aussi l'application des règles du procès équitable. Or, à cet égard, la procédure suivie soulève de sérieuses critiques. En premier lieu, le Jap n'établit pas les faits par lui-même, que ce soit au cours d'une phase préparatoire ou au cours d'une phase décisoire. Ces faits sont établis par l'administration pénitentiaire et sont tenus pour tels dès lors que celle-ci a prononcé une sanction de nature disciplinaire. Le Jap est donc dépendant de la décision administrative, ce qui est *per se* choquant et l'est d'autant plus en pratique que la procédure disciplinaire est loin d'offrir les garanties suffisantes en la matière. Quant à la phase décisoire, le Jap se prononce dans le cadre de l'article 712-5 du code de procédure pénale, auquel renvoie l'article 721 alinéa 3 du même code. En d'autres termes, il rend sa décision dans le cadre d'une procédure en commission dite de l'application des peines, sans que l'intéressé comparaisse et sans qu'il soit représenté par un avocat. Sont présents le chef d'établissement, le représentant du parquet, le Jap, président et auteur de la décision, ainsi que des personnels pénitentiaires divers. Tout ceci est fort éloigné des règles du procès équitable.

Certes un appel est possible contre la décision du Jap. Cependant il est dévolu lui-même non pas à une juridiction ordinaire, statuant dans le respect du contradictoire, mais au président de la chambre de l'application des peines de la cour d'appel, lequel statue sans aucun débat, sans la présence d'aucune des parties, en son cabinet et sur la base du seul dossier (v. C. pr. pén., art. 712-12).

Fort heureusement, les sanctions propres aux condamnés en milieu ouvert sont plus respectueuses des principes fondamentaux de procédure.

B. Sanctions applicables à l'auteur en milieu ouvert

Le condamné qui bénéficiait d'un aménagement de peine privative de liberté et a commis l'une des formes d'évasion prévues aux paragraphes 2, 3 et 4 de l'article 434-29 du code pénal, pourrait, le cas échéant, subir le retrait des crédits de réduction de peine. Les mêmes conditions lacunaires sur le plan procédural y présideraient alors.

Il encourrait cependant en outre des sanctions spécifiques, consistant à le renvoyer en détention alors qu'il se trouvait par hypothèse dans le monde libre au moment où il a agi. Cependant, il peut être d'abord nécessaire de mettre en œuvre à son endroit des mesures conservatoires (v. M. Herzog-Evans, *Droit de l'exécution des peines, op. cit.*, spe. Titre 20).

Il existe ainsi tout d'abord pour le Jap la possibilité de suspendre une mesure de semi-liberté, de placement à l'extérieur ou de placement sous surveillance électronique (C. pr. pén., art.

712-18). Cette suspension immédiate de la mesure permet de faire réintégrer immédiatement l'établissement et de déclencher dans les quinze jours, la prise d'une décision au fond.

Dans le cas de mesures sans écrou comme la libération conditionnelle ou la suspension de peine, l'on parle alors d'incarcération provisoire, puisqu'un titre de détention va être nécessaire (C. pr. pén., art. 712-19).

Le chef d'établissement pénitentiaire dispose d'une mesure équivalente qui peut, elle aussi, concerner la permission de sortir, mais uniquement les mesures exécutées sous écrou. Elle est en outre soumise à une condition d'urgence (C. pr. pén., art. D 124).

Lorsque ce dernier est l'auteur du retour en détention du condamné, le Jap doit être saisi « sans délai » et doit prendre alors une décision au fond dans un délai de dix jours.

Le Jap pourrait aussi délivrer un mandat d'amener, voire, en cas de fuite ou de résidence à l'étranger, un mandat d'arrêt (C. pr. pén., art. 712-17). Il pourrait naturellement s'agir, si nécessaire, d'un mandat d'arrêt européen.

Au fond, l'irrespect des obligations par le condamné peut donner lieu à la révocation ou au retrait de la mesure en cause (C. pr. pén., art. 712-20).

Dans tous les cas, il retournera donc en prison exécuter la peine qu'il lui restait à subir. Cette détention s'ajoutera alors à celle prononcée pour l'évasion. Elle n'est pas exclusive, dans certains cas, de réparation civile.

. §. 4. Réparation civile

Le droit commun est naturellement applicable sans particularisme en matière d'évasion, s'agissant de l'auteur principal. Il pourrait avoir à réparer le préjudice causé, notamment aux victimes de violence, menacées par une arme, etc.

Des règles spécifiques ont été en outre prévues s'agissant des auteurs de connivence à évasion, sous ses deux formes possibles visées aux articles 434-32 et 434-33 du code pénal. L'article 434-34 du même code énonce que ces personnes « *peuvent être condamnées solidairement aux dommages-intérêts que la victime aurait eu le droit d'obtenir du détenu par l'exercice de l'action civile en raison de l'infraction qui motivait la détention de celui-ci* ».

Ainsi, celui qui a transmis des armes peut-il être condamné à indemniser la victime de l'évasion avec violence, même si cette violence consistait en une tentative d'homicide sur un gardien dont, par ailleurs, le fournisseur d'armes n'avait pas été déclaré complice (Cass. Crim., 15 dec. 1982, *Bull. Crim.*, n° 291).

Le fondement de cette règle est de compenser la disparition du détenu, qui serait « en cavale » et ne pourrait, de ce fait, être astreint matériellement à indemniser les victimes des infractions à raison desquelles l'évadé avait été incarcéré. Si l'auteur de la connivence est tenu, quant à lui de cette dette, c'est aussi parce qu'en facilitant l'évasion, il a fait perdre une chance à la victime d'obtenir réparation.

L'indemnisation due est celle à raison de l'infraction ayant motivé l'incarcération au cours de laquelle l'intéressé était détenu. N'est pas directement réparable la perte d'une chance de voir juger l'intéressé. Ainsi, dans une affaire traitée par la Cour d'appel de Toulouse, le 27 mars 2001 (décision n° 2000/00979, legifrance.gouv.fr), le détenu s'était semble-t-il évadé par effraction avec l'aide de certaines personnes non évoquées dans l'arrêt. Il était poursuivi pour des faits de séquestration et de meurtre. Il devait être rapidement repris. Le père de la victime directe demandait réparation, du fait de l'évasion, contre les auteurs de la connivence. Il lui fût répondu que « *S'il n'est pas douteux que M. A. ait à souffrir moralement de la disparition momentanée de celui qui est accusé d'avoir volontairement donné la mort à son fils, le préjudice résulte non pas directement de l'évasion, mais de certaines conséquences qui peuvent résulter de l'évasion si l'évadé n'est pas directement repris ainsi que du retard qui en résulte pour le jugement du crime… voire de la privation éventuelle pour la partie civile, de la possibilité de participer, non pas au procès lui-même qui aura certainement lieu, mais à un procès se déroulant en présence de l'accusé* ». Il n'était pas possible de se constituer partie civile faute de préjudice direct.

L'évadé lui-même encourt d'autres sanctions portant sur ses biens.

§. 5. Sanctions patrimoniales

L'article D 341 du code de procédure pénale dispose qu'au bout d'un délai de trois ans après l'évasion d'un détenu qui n'a pas, par hypothèse, encore été repris, « *les objets et l'argent* » qu'il aurait laissé à l'établissement et n'ont pas été réclamés par ses ayants droit sont remis à l'administration des domaines. Cette remise vaut alors décharge pour l'administration pénitentiaire. S'agissant de l'argent, il est versé au Trésor.

C'est le prix à payer d'une évasion réussie

4

Evasion « réussie »

Il est pratiquement impossible de « réussir » son évasion, (Section 1). Lorsque, exceptionnellement, l'intéressé y parvient, il peut alors bénéficier, pour l'essentiel, de l'oubli (Section 2).

Section. 1. L'impossible réussite de l'évasion

La « réussite » d'une évasion est un concept qui mérite d'être explicité. Elle se comprend, ici, du point de vue de l'évadé. Elle ne se limite pas à la réussite immédiate de l'acte défini par les articles 434-27 et suivants du code pénal. Elle s'entend dans la durée : n'est une réussite, du point de vue de l'évadé, que la persistance de sa cavale. Elle suppose, plus encore, qu'il puisse demeurer dans la clandestinité jusqu'à ce que la peine à raison de laquelle il était incarcéré soit prescrite et que les poursuites pour les faits d'évasion le soient pareillement.

Une telle entreprise est presque immanquablement vouée à l'échec. La cavale nécessite de l'argent ; beaucoup, d'ailleurs, dès lors que l'intéressé demeure dans la clandestinité. Louer une habitation, un mode de transport, sans que ceux-ci ne fassent l'objet des déclarations d'usage, suppose d'avoir en sa possession beaucoup d'argent liquide. La totalité des achats de l'intéressé se fait d'ailleurs de la sorte. De tels revenus ne peuvent provenir d'une activité licite. Il n'est par ailleurs pas discret de vivre ainsi : les personnes ainsi « achetées » sont susceptibles de parler.

Prendre le risque d'avoir une activité salariée ordinaire et de vivre de manière plus conforme aux lois en vigueur est également périlleux. Il est alors indispensable de vivre sous une fausse identité, ce qui suppose de nouvelles complicités. De ce fait, cette nouvelle construction identitaire est rarement parfaite.

De nombreux évadés sont au demeurant incapables de subir les conséquences inévitables, sur le plan personnel, d'une cavale de longue durée. Le premier réflexe de nombre d'entre eux est de prendre contact avec leurs proches, parents, enfants, conjoints, etc. C'est naturellement là où la police les attend. Le seul moyen de réussir une évasion est donc de couper définitivement, du moins jusqu'à l'acquisition de la prescription, les ponts avec cette famille. Ceci vaut y compris dans des moments douloureux comme l'enterrement d'une mère, par exemple.

Nombre d'évadés sont par ailleurs repris parce que leur mode de vie n'est pas particulièrement discret. Combien s'épanchent dans un troquet après avoir bu quelques verres ? Combien font l'objet de contrôles routiers suite à des erreurs de conduite ou parce qu'ils ne ressemblent pas à un homme d'affaire susceptible de se payer la voiture de prix qu'ils conduisent ?

Assurément la réussite d'une évasion n'est pas donnée à tous. Finalement il s'agit d'une folle entreprise quasiment vouée à l'échec.

Section. 2. Les conséquences juridiques de l'exceptionnelle réussite de l'évasion

Le droit récompense en quelque sorte la réussite de l'évasion en prohibant toute poursuite (§-1), voire toute sanction pénale (§-2), à l'encontre de son auteur. Il prévoit toutefois une sanction spécifique au régime juridique mystérieux (§-3).

§. 1. Prescription de l'action publique

La prescription de l'action publique, prévue aux articles 6 et suivants du code de procédure pénale, empêche, lorsqu'elle est acquise, toute action contre le ou les auteurs d'une infraction. Elle intervient par suite de l'écoulement d'un temps variable selon la nature des faits.

Elle va donc naturellement s'appliquer aux faits d'évasion eux-mêmes. L'on ne trouve pas de règles particulières propres à la prescription de l'évasion, sans doute parce que l'on peut raisonnablement supposer qu'elle échouera. Celle-ci est donc régie par les règles de droit commun en la matière.

Elle est traditionnellement de dix ans pour les crimes, de trois ans pour les délits et d'un an pour les contraventions. Mise à part l'une des formes aggravées de connivence, l'évasion est un délit. Elle est donc concernée par la prescription de trois ans. S'agissant, comme nous l'avons vu, d'une infraction instantanée, ce délai court du jour de sa commission.

Cependant, en pratique, elle trouvera peu à s'appliquer. C'est que ce délai subit tantôt des suspensions, tantôt des interruptions (J. Danet, S. Grunvald, M. Herzog-Evans, Y. Le Gall, *Prescription, amnistie et grâce en France,* Dalloz, 2008). En matière d'évasion, ce sont des causes d'interruption qui sont susceptibles de s'appliquer. Rappelons que l'interruption a pour effet de rendre caduque le délai déjà écoulé. Lorsque la cause d'interruption disparaît, un nouveau délai, de trois ans dans notre cas, peut s'écouler. Ces causes, visées à l'article 7 du code de procédure pénale, tiennent en des « *acte(s) d'instruction ou de poursuite* ». Ceux-ci sont interprétés très largement par la jurisprudence. Dès lors, selon les cas, que la justice ou la police accomplissent un acte de procédure lié à la répression de l'évasion, un nouveau délai de trois ans sera ainsi restauré.

Dans la pratique, la réalisation dans la durée de ce type d'actes interruptifs suppose un intérêt particulier pour un dossier déterminé. Cela dépend essentiellement de la dangerosité de l'intéressé et du type de faits à raison desquels il était incarcéré.

Cela crée une incontestable incertitude pour l'intéressé. Il peut cependant parfois espérer que l'action publique soit prescrite au moins en même temps que la peine à laquelle il était éventuellement déjà condamné ou l'est par défaut en son absence si la justice était déjà saisie.

§. 2. Prescription de la peine

La prescription de la peine est un mécanisme moins connu et infiniment moins étudié que la prescription de l'action publique. Elle empêche, lorsqu'elle est acquise, l'exécution d'une peine définitive. Puisqu'une peine définitive avait été prononcée, elle est de plus longue durée que la prescription de l'action publique. En revanche, elle ne subit pas de reports par l'effet de suspensions ou d'interruptions, si ce n'est l'exercice des voies d'exécution (Cass. Crim., 24 juill. 1957, *Bull. Crim.*, n° 573), lesquelles ne sauraient d'ailleurs consister en l'arrestation du contumax (Cass. Crim., 8 mars 1955, *Bull. Crim.,* n° 143). Il a également été jugé que les actes de recherche du condamné n'interrompaient pas la prescription, car ils ne constituaient pas per se des actes d'exécution (Cass. Crim., 3 août 1888, *DP* 1889, I, 173).

En matière criminelle, la prescription de la peine est de vingt années (C. pén., art. 133-2) ; en matière correctionnelle, elle est de cinq années (C. pén., art. 133-3) ; enfin, en matière contraventionnelle, elle est de trois années (C. pén., art. 133-4). Il existe également des délais plus longs, s'agissant de certains faits d'une particulière gravité. Pour le trafic de stupéfiants ou le terrorisme, ils sont de trente ans pour les crimes et de vingt ans pour les délits (C. pr. pén., art. 706-25-1 et 706-31).

Ces délais commencent ordinairement à courir du jour où la condamnation est devenue définitive. Cependant, en matière d'évasion, ils ne partent en réalité que du jour où l'évasion a lieu, puisque c'est du jour où cet événement survient que commence l'inexécution de la peine.

Si les règles de la prescription des peines sont moins étudiées (v. cep. C. Courtin, *Prescription*, Rep. Pen. Dalloz), c'est en partie parce qu'elles génèrent moins de contentieux susceptible d'alimenter des recherches académiques. L'on ramène d'ailleurs généralement la présentation des fondements de la suspension de la peine à ceux qui justifient la prescription de l'action publique (v. par ex. C. Courtin, *op. cit.*, spe. n° 108). Pourtant, la transposition ne saurait être totale. Ainsi est-il souvent évoqué que la prescription constituerait la sanction de la négligence ou de l'abstention du système répressif. Mais pour ce qui concerne l'évasion, elle n'est pas toujours la résultante de la négligence de la Justice.

Ne paraît pas plus transposable le second fondement généralement invoqué, tenant à la paix sociale. Il est en ce sens avancé qu'il serait préférable, dans bien des cas, de ne pas raviver des plaies qui ont eu le temps de se refermer. S'agissant d'une condamnation définitive, il n'est en réalité plus à craindre qu'un procès rouvre des plaies quelconques.

N'est pas plus transposable le fondement tenant à la déperdition des preuves : les faits sont en effet définitivement établis par la condamnation.

Reste un ultime fondement sans doute plus pertinent encore dans le cas de la prescription de la peine que dans celui de la prescription des poursuites. Il porte sur le sort du condamné durant le temps de l'acquisition de la prescription. Il comporte deux volets. Il est d'abord énoncé que le délai au cours duquel le condamné doit vivre caché, occasionne chez lui une véritable souffrance, laquelle, finalement, tiendrait lieu de peine. Cette affirmation n'est pas dénuée de vérité. Comme nous l'avons vu, pour réussir sa « cavale », l'intéressé devra rompre tous liens avec ses proches et ne pas céder à la tentation d'un appel téléphonique, d'une visite, ou autre. Il ne pourra revenir dans des lieux qui lui sont familiers, etc. Il est en second lieu énoncé que la vie clandestine contraindrait l'intéressé à se bien comporter sous peine d'être arrêté en sorte qu'elle conduirait à l'insertion sociale. Cet argument est plus discutable. Comme nous l'avons vu, certains évadés, bien au contraire, financent leur vie clandestine à l'aide d'actes délinquants, notamment des vols à main armée. Ceux-là sont toutefois précisément le plus souvent repris. Inversement, d'autres tentent, à l'aide de faux papiers, de se faire aussi « passe muraille », si l'on ose dire, que possible et, en effet, peuvent avoir à se comporter de manière plus respectueuse des lois qu'un citoyen ordinaire. C'est ce que montrait l'auteur de *Contumax*, devenu enseignant à l'université de droit d'Assas et réalisant même par la suite un audit pour le ministère de la Justice.

Récemment la presse s'est faite l'écho de cette jeune femme, ancienne « révolutionnaire » de 1968, qui s'était à l'époque laissée entraîner dans une affaire de braquage par admiration pour son petit ami d'alors. Condamné par contumace, elle s'était réfugiée en Amérique Latine où elle était restée deux décennies, y avait eu une fille et y avait menée une vie non seulement rangée, mais même utile socialement : elle était psychologue. Elle devait être retrouvée par les autorités françaises quelques jours seulement avant la prescription de sa peine, extradée puis jugée.

Finalement elle devait s'en déclarer soulagée, car prenait ainsi fin une vie sous un nom d'emprunt et sans quasiment aucun contact avec ses proches. Elle allait ainsi pouvoir séjourner à nouveau dans des lieux lui étant familiers, si ce n'est qu'en matière criminelle, elle devrait demeurer interdite de séjour dans certains d'entre eux.

§. 3. Interdiction de séjour automatique

L'article 763 du code de procédure pénale dispose qu'une interdiction de séjour s'applique de plein droit aux condamnés qui auraient prescrit en matière criminelle. L'évadé est naturellement l'un des destinataires de choix de cette règle.

Elle ne concerne toutefois que les auteurs de faits de nature criminelle.

L'application de l'interdiction de séjour, peine restrictive de liberté, à une personne qui, par hypothèse, ne peut plus subir de peine précisément parce qu'il a prescrit celle-ci, paraît étrange. Elle est en quelque sorte l'accessoire de la peine principale, mais présente cette particularité d'intervenir à distance temporelle importante de la sentence initiale.

L'article 763 n'indique pas quel est le régime juridique de cette interdiction de séjour. L'utilisation de ce terme, au sens précis, par ailleurs précédé de l'article défini « le » (: *« est soumis de plein droit… à l'interdiction de séjour »*), renvoie assurément à cette peine restrictive de liberté régie par les articles 762-1 et suivants, dont au demeurant l'article 763 prend la suite immédiate.

La durée de cette interdiction de séjour est par ailleurs exceptionnelle : elle intervient « à titre définitif » sans qu'aucun relèvement n'ait été envisagé par une disposition quelconque.

L'évadé n'est est donc pas nécessairement quitte avec une Justice qui ne lui pardonne pas son insoumission et lui fait subir des sanctions d'une exceptionnelle dureté, qui l'exposent, in fine, comme il a été montré dans le présent ouvrage, à renouveler encore et encore ses tentatives.

Index

Pour aller plus loin

BAUD (P.), *Evasion*, Encyclopédie Dalloz, 2008

BAUER (C.), *Fractures d'une vie,* Seuil, 1992

CARROLL (T.), *The Great Escape from Stalag Luft III*, Pocket Books, 2004

CASTAN (C.), FAUGERON (C.), PETIT (J.-G.), PIERRE (M.), ZYBERG (A.), *Histoire des galères, bagnes et prisons : XIII-XX Siècles,* ed. Privat, 1990

CHRISTIE (N.), *L'industrie de la punition*, ed. Autrement, 2003

DANET (J.), GRUNVALD (S.), HERZOG-EVANS (M.), LE GALL (Y.), *Prescription, amnistie et grâce en France,* Dalloz, 2008

DANET (J.), *Justice pénale. Le tournant*, 2005, ed. Le Monde

DUMAS (A.), *Le Comte de Monte Christo*

HAYES (P.), *Break Out ! Famous Prison Escapes*, The O'Brien Press, 2004

GAILLY (A.), *Exécution des sentences pénales – Incidents contentieux, erreurs matérielles et interprétation des sentences pénales,* JCL Procédure pénale, Art. 710 à 712

HERZOG-EVANS (M.), *Incident contentieux d'exécution des sentences pénales,* Rep. Pen. Dalloz

HERZOG-EVANS (M.), *Droit de la sanction pénitentiaire*, Dalloz. Action, 2004

HERZOG-EVANS (M.), *Droit de l'exécution des peines*, Dalloz. Action, 2007

KNOBELPIESS (R.), *Voleur de poules. Une histoire d'enfant,* Flammarion, 1991

LUCAS (C.), *Suerte*, Plon, Terre Humaine, 1995

MERLE (R.) et VITU (A.), *Droit pénal spécial*, Cujas, 1982

MESRINE (J.), *L'instinct de mort,* Ed . champ libre, 1984

SIMON (D.), *Contumax*, Ed. J. Bertouin, 1991

THOMAS (P.), *Articles 434-27 et suivants du code pénal*, Jurisclasseur pénal, 2002.

VAUJOUR (M.), *Ma plus belle évasion*, ed. de Noyelles, 200

Table des matières

Collection LA JUSTICE AU QUOTIDIEN
fondée et dirigée par Jean-Paul Céré

Professeur associé à la Faculté de Droit de Campos (Brésil)
Directeur du Master droit de l'exécution des peines et droits de l'homme des universités de Pau et Montesquieu Bordeaux IV

*La collection **LA JUSTICE AU QUOTIDIEN** a pour objectif de rendre le droit accessible à tous, aux professionnels comme aux particuliers. Elle se destine à la publication d'ouvrages, rédigés par des spécialistes reconnus, permettant de présenter de manière fonctionnelle et complète le système de justice actuel et de proposer des solutions aux problèmes juridiques de la vie courante.*

1. **Le permis à points** (J.P. Céré)
2. **Le droit de l'affichage** (P. Zavoli)
3. **La médiation pénale** (P. Mbanzoulou)
4. **La responsabilité des constructeurs** (S. Bertolaso et E. Ménard)
5. **Le contrôle fiscal des particuliers** (E. Péchillon)
6. **Les référés d'urgence devant le juge administratif** (J. Gourdou et A. Bourrel)
7. **La responsabilité des services de police et de secours** (X. Latour)
8. **Le procureur de la République** (J.C. Dintilhac)
9. **Les surveillants de prison** (J.C. Froment)
10. **Le droit des peines** (G. Lorho et P. Pélissier)
11. **Les droits des mères. Vol. 1** (S. Gamelin-Lavois et M. Herzog-Evans)
12. **Les droits des mères. Vol. 2** (S. Gamelin-Lavois et M. Herzog-Evans)
13. **L'expropriation pour cause d'utilité publique** (G. Ganez-Lopez)
14. **Le droit de grève** (F. Chopin)
15. **Les PV de stationnement** (J.P. Céré)
16. **Les droits de l'acquéreur d'un bien immobilier** (F. Cohey-Cordey)
17. **Election et modes de scrutins** (B. Pauvert)

18. **Les locations en meublée** (J. Cayron)
19. **Le placement sous surveillance électronique** (Ch. Cardet)
20. **Le droit des associations** (K. Rodriguez)
21. **La réglementation du travail des chauffeurs routiers** (S. Carré)
22. **La concurrence déloyale** (A. Lecourt)
23. **Les procès devant le tribunal d'instance** (Ph. Flores)
24. **Les saisies immobilières** (Ph. Soustelle)
25. **Les pensions alimentaires** (M. Rebourg)
26. **Les sanctions en droit des assurances** (J.C. Ponge)
27. **Les prisons en Europe** (S. Snaken et F. Dünkel)
28. **Le secret professionnel** (B. Py)
29. **La garde à vue** (S. Bourretz)
30. **Paroles d'enfants, paroles de juges** (M. Redon)
31. **La lutte contre le blanchiment d'argent** (J. Lasserre Capdeville)
32. **Droit de la chasse et de la protection de la faune sauvage** (M. Redon)
33. **Les assemblées de copropriétaires** (J.P. Céré et F. Cohey-Cordey)
34.. **Les procès devant le tribunal administratif** (J.N. Caubet-Hillloutou)
35. **Le bail d'habitation. Les droits des locataires** (C. Coutant-Lapalus)
36. **Le droit de la filiation** (V. Bonnet)
37. **Allaitement et droit** (M. Herzog-Evans)
38. **Manuel d'obstétrique à l'usage des professionnels du droit** (J. Marchowitch)
39. **Les très longues peines de prison** (P. Pédron et Y. Laurens)
40. **Au Palais de justice de Paris** (J. Stark)
41. **Droit et hospitalisation psychiatrique sous contrainte** (J. Stark, C. Maugey)

4e page de couverture

L'évasion

L'évasion suscite en chacun de nous une étrange ambivalence. Entre admiration, amusement, frayeur, mais aussi exaspération envers l'institution défaillante, tout dépend en grande partie des circonstances et de la personnalité de son auteur.

Les ressorts psychocriminologiques de l'évasion son non moins complexes. L'appel de la liberté est toutefois d'autant plus fort que notre système juridique exerce une répression extraordinaire, au sens plein du terme, sur l'évadé. Ce faisant, elle participe indéniablement de la chronicité de certains parcours individuels faits de multiples évasions ou tentatives.

Cet ouvrage se fait l'écho tant de la pulsion de l'évasion et du regard que la société civile lui porte, que des règles juridiques qui l'encadrent. Il en propose une approche renouvelée et critique.

Pulsion d'évasion – Media – Evasion par nature – Evasion par assimilation – Surveillants – Escorte – Cumul de peines – Sanctions disciplinaires.

*(**Martine, HERZOG-EVANS** est professeur de droit à l'Université de Reims et également chargée d'enseignement dans les universités de Nantes, Bordeaux IV/Pau et Aix-Marseille. Elle est auteur de nombreux ouvrages, notamment dans le champ pénal et de l'exécution des peines).*

L'HARMATTAN, ITALIA
Via Degli Artisti 15 ; 10124 Torino

L'HARMATTAN HONGRIE
Könyvesbolt ; Kossuth L. u. 14-16
1053 Budapest

L'HARMATTAN BURKINA FASO
Rue 15.167 Route du Pô Patte d'oie
12 BP 226
Ouagadougou 12
(00226) 76 59 79 86

ESPACE L'HARMATTAN KINSHASA
Faculté des Sciences Sociales,
Politiques et Administratives
BP243, KIN XI ; Université de Kinshasa

L'HARMATTAN GUINÉE
Almamya Rue KA 028
En face du restaurant le cèdre
OKB agency BP 3470 Conakry
(00224) 60 20 85 08
harmattanguinee@yahoo.fr

L'HARMATTAN CÔTE D'IVOIRE
M. Etien N'dah Ahmon
Résidence Karl / cité des arts
Abidjan-Cocody 03 BP 1588 Abidjan 03
(00225) 05 77 87 31

L'HARMATTAN MAURITANIE
Espace El Kettab du livre francophone
N° 472 avenue Palais des Congrès
BP 316 Nouakchott
(00222) 63 25 980

L'HARMATTAN CAMEROUN
BP 11486
(00237) 458 67 00
(00237) 976 61 66
harmattancam@yahoo.fr

Achevé d'imprimer par Corlet Numérique - 14110 Condé-sur-Noireau
N° d'Imprimeur : 58826 - Dépôt légal : avril 2009 - *Imprimé en France*